Marcas
de literatura

LOOS
CONSTANT
WOOLF
IBSEN
SWIFT
HIGHSMITH
BALZAC

Marcas de literatura

JAMES

SHELLEY

KAFKA

Aida Míguez Barciela

DICKENS

THACKERAY

EURÍPIDES

ARISTÓFANES

EVANS-PRITCHARD
DEFOE
CHODERLOS DE LACLOS

LAO**FICINA**

© Aida Míguez Barciela, 2025

© Oficina de Arte y Ediciones, s.l., 2025, de la presente edición
info@laoficinaediciones.com
www.laoficinaediciones.com

diseño Joaquín Gallego

maquetación Elena Iglesias Serna
impresión Safekat

THEMA: DS
ISBN: 978-84-128565-4-5
D.L.: M-18676-2025

Ciertos ensayos escritos entre 2009 y 2016 se reunieron por primera vez bajo el título *Cuando los pájaros cantan en griego* (Punto de Vista Editores, 2017). Este libro incluye una parte de ellos junto a otros escritos en 2017-2025.

Tú, Aristóteles

Qué hay de malo en no ser más que un montón de cosas sueltas, Aristóteles. El Londres de Virginia Woolf es el hervidero de Piccadilly Circus y el oleaje de Oxford Street; son sus miles de hormigas humanas haciendo la compra un viernes por la mañana sin preocuparse las unas de las otras; son hombres y mujeres surgiendo de una boca de metro como lenguas de lava incandescente; esperando muy temprano en la parada del autobús; formando momentáneos ramos grises y quebrados; asimilando silenciosamente el sol cada uno por su lado en un banco cualquiera de Hyde Park. Londres no es bello, Aristóteles. La Nueva York de Dos Passos es un montón desordenado. La Alexanderplatz de la prostitución, la esvástica y la desgracia ineluctable de Franz Biberkopf está hecha de desolación y desmesura. Las avenidas de Berlín Este sobrepasan las escalas. Son amenazadoras, son gigantescas, son inhumanas; solo un pájaro o un dios podrían verlas enteras. La Karl-Marx-Allee es una quimera, es la vena de un gigante, otro planeta. Y tú, Aristóteles, dices que ahí no puede haber belleza. Porque lo bello tiene el tamaño adecuado según naturaleza, el tamaño de un cuerpo humano, por ejemplo, y las ciudades modernas son cuerpos de monstruos y quimeras, no de hombres y mujeres. París es un volcán que regurgita magma, como Tifeo, el monstruo sepultado en los abismos subterráneos por el gran embestidor del desorden y el exceso: Zeus y su trono celeste, Zeus y su rayo de fuego. Pero nos acordamos de las soberbias descripciones de París de los grandes novelistas franceses, y del revoltijo de calles angustiadas en el proceso de perecer y renacer a toda velocidad sin un propósito definido –la especulación no tiene propósito, el capital es deseo infinito–. Nos acordamos de la búsqueda vacía y fútil que tú descartas al comienzo de la *Ética a Nicómaco*, y de las riadas de la multitud enfurecida en *La educación sentimental*, y de la niebla dimanando de ninguna parte que engulle Londres en la apertura de *La casa lúgubre*. Y después pensamos en la *América* de Kafka, que es inmensa y la novela no termina nunca porque su tema es precisamente esa inmensidad desconcertante, exasperante y tumultuosa que no termina nunca. Nos acordamos de ti, Aristóteles. Imaginamos Atenas, su tamaño exacto, su cuerpo turgente modelado por las manos de un experto. Esa ciudad de atletas no es muy grande ni tampoco muy pequeña; es un espacio a escala humana donde es posible habitar y construir y vivir. Atenas es bella por ser una ciudad donde se puede vivir políticamente. Es bella porque aun poseída por un fervor insólito y enferma de una sed desaforada –la fiebre de un mundo joven y el vértigo de un verano ardiente–, Atenas no es sin embargo el magma desbordante y desquiciado que borbotea cada día haciendo agua las mil plazas de París. Atenas es algo en vez de nada, pero la masa ingente, la ciudad desdibujada y desequilibrada, desconocida y desastrada cuyo estruendo calamitoso y disonante rinde tributo no a los dioses, sino a los rascacielos de Hong Kong y de Pekín, que son los monstruos y los gigantes renovados, los más recientes Oto y Efialtes que haya engendrado la imaginación humana, eso –dices tú– no es apenas nada. Las miríadas humanas no se conocen mutuamente; sus voces se pierden en el viento que sopla a cien kilómetros por hora desde el océano a través de los pasillos de espejos que rascan el cielo y no alcanzan su meta. La voz estentórea de un heraldo no podría hacerse oír en esas plazas, y tú dices que la voz del heraldo es la voz de la *pólis*. La incomunicación es terrible (es la noche). Una acera cualquiera es el escenario cotidiano de ese crimen terrible y cotidiano contra la integridad política que tú, Aristóteles, dices que es posible solo cuando la belleza es posible, es decir, cuando la *pólis* no es muy grande ni tampoco muy pequeña y unos hablan con otros y se conocen entre sí e importa mucho que los que se conocen se comuniquen a diario y así mantengan el compás de la respiración de su conocimiento mutuo, que nace de ese trato íntimo y de esa comunicación cotidiana en algún rincón de Atenas y que sigue palpitando y creciendo y se mantiene con vida justo por eso: por la belleza de Atenas (eso era la amistad). La belleza está presente cuando algo está presente plenamente, con esplendor y rotundidad, sin equívocos ni imprecisiones ni malformaciones. La *pólis* es *bella* cuando *es* en verdad *una pólis* en lugar de no ser nada. Solo entonces –cuando es bella– es lo que es; solo entonces funciona como funcionan los órganos de un organismo vivo; solo entonces tiene sentido lavar las sábanas y arreglarse el pelo para ver a la gente; solo entonces hay sentido, pues hay belleza. Se recorren a pie las calles por la mañana; los coros ensayan sus bailes cómicos o trágicos; Sócrates se encuentra con Eutifrón y tú, Aristóteles, paseas en compañía por el terreno de Apolo hablando en voz no demasiado alta ni tampoco demasiado baja acerca de cosas de la máxima importancia y del máximo interés en las que solo raras veces reparamos. Es un lujo de dioses, es un ocio divino: esa larga diatriba acerca de qué significa ser una cosa y tener una naturaleza; por qué esto es una casa y no un montón de materiales esparcidos azarosamente sobre el suelo. Porque el silbido del viento no cortaba como el filo de un cuchillo el tejido siempre naciente y siempre desgarrado de las innumerables voces humanas que claman su desesperación por querer comunicarse y que no se comunican nunca. Y porque no teníais que cerrar los ojos al pisar el ágora a fin de protegeros de ningún viento gélido del norte, el templo de Hefesto alzaba su porte magnífico del suelo al cielo. Vosotros no teníais que coger al vuelo un taxi en Keats Grove para no perder el tren de las ocho y veinte en la estación Victoria. Teníais aliento. Los espejos de las avenidas no cegaban las miradas al devolver mil fragmentos rotos e inconexos de cosas rotas e inconexas dispersándonos, separándonos, desorientándonos más allá del alba, más allá del anochecer. Vosotros, Aristóteles, teníais tiempo para deambular, divagar y jugar con alegría y sin premura; jugabais con el pensamiento acerca de la diferencia entre lo esencial y lo incidental, entre lo falso y lo verdadero, entre las partes y el todo. Muy cerca, otros practicaban su propio deporte con los torsos desnudos y las piernas cubiertas de aceite. Tus estudiantes te escuchaban y tú te comunicabas. Nadie tenía el chillido del viento ensordecedor soplando indiferencia en sus oídos. No tenían las astillas del cristal inerte de los cielos arañando las córneas. Tus oyentes estaban despiertos, Aristóteles. Seguían la parsimonia acompasada de tu argumento y no se desmayaban cuando retrocedías para empezar de nuevo y reanudar la indagación una y otra vez. Porque así se investiga cuando se investiga de manera filosófica, y tu auditorio no había perdido el aliento corriendo hasta ti desde la estación Victoria. Y entonces tú les decías sin necesidad de gritar en voz muy alta ni de susurrar en voz muy baja a esos hombres sin viento en los oídos: una *pólis* tiene el carácter de *pólis* cuando es bella y es bella cuando tiene el tamaño adecuado, ni muy grande ni muy pequeño, sino proporcionado como el cuerpo firme y vigoroso de una mujer o un hombre. Porque la belleza consiste en cierta forma y cierta medida y cierta magnitud y cierta integridad, y ni lo gigante ni lo minúsculo poseen una forma que podamos percibir sinópticamente. Apenas vemos lo grande ni lo minúsculo. Apenas vemos los rascacielos ni los parques de Nueva York. Se nos escapan. Se pierden en lo informe. Lo que se pierde en lo informe no es bello, ni siquiera está claro que sea algo en vez de nada. Porque la belleza consiste en límite, forma, orden, unidad y medida. Porque la belleza de las cosas es el ser de las cosas que tú persigues en tus lentas disquisiciones como el amante persigue el cuerpo veloz de un amado quisquilloso y huidizo.

Pero qué hay de malo en no ser más que una masa informe como las olas o el fuego, Aristóteles. Un cuadro de Pollock no contiene a primera vista nada más que un montón de arabescos desconcertados, chorros grises y manchas negras en los que no se reconoce nada ni se ve figura alguna. Salpicaduras feas, grotescas; exabruptos que ni siquiera rechazan la forma y la armonía, sino que parecen no haberlas conocido ni olvidado nunca. Qué hay de malo en ello, Aristóteles. Tu viviente se ha desintegrado. Ni siquiera se ha descoyuntado: se ha pulverizado en un lento y penoso proceso de lixiviación. Tú replicas que está muerto, que entonces ya no hay nada. En el icono de Malévich no hay siquiera salpicaduras grises y manchas negras. Simplemente hay nada y nada se echa de menos y todo se echa de menos. Nada se echa de menos. El cuadro es una invitación urgente a fijar la mirada sobre un borrón total y una tachadura universal. Eso se nos obliga por la fuerza a ver y encuadrar, a percibir y admirar queramos o no queramos. Queremos ver con claridad eso que ni siquiera a nosotros nos resulta fácil ver. Queremos y no queremos ver el inmenso, único y definitivo borrón negro, excesivo y desvergonzado, en el que no hay nada en absoluto, ningún consuelo, ninguna esperanza o promesa, ningún sosiego por el hecho de que esto es así y aquello es de otra manera. Este insecto de seis pies y ese animal con plumas. Tu mariposa y tu mochuelo eran bellos, Aristóteles. En nuestro cuadro, la mirada vaga desamparada porque nada hay en el cuadrado negro sobre blanco excepto negro sobre blanco. Pero tenemos que amar nuestras ruinas, Aristóteles. Tenemos que elogiar este mundo que no es siquiera un mundo mutilado, pues la mutilación supone integridad, remite a la entereza perdida (a eso tú lo llamabas «cosa»), y no hay aquí en lo que veo y en lo que siento y en lo que toco y en lo que doy por supuesto cuando me levanto y hago planes y los pongo en práctica; no hay ahora que recuerdo y escribo esto nada con lo que contar; no hay consuelo ni memoria de consuelo, sino solo este imperativo espléndido abriéndose paso a dentelladas a través de vientos de silencio y de espesuras de incomunicación: trata de elogiar tu propio mundo devastado.

El humanismo de Dickens

Frank Raymond Leavis, el crítico inglés al que Wittgenstein instó a dejar de inmediato la crítica literaria al saludarlo una mañana en el campus de Cambridge, escribió (en *The Great Tradition*) que en *Tiempos difíciles* Dickens utilizó su genio poético y su fuerza creativa (porque también esta novela los posee en abundancia) para denunciar las consecuencias fatales que el industrialismo, el positivismo y el utilitarismo tienen sobre las vidas humanas, que quedan reducidas por su causa a meros números, cifras y expedientes, mientras la propia vida se desvanece bajo un alud de datos y un montón de hechos sin mayor misterio, lo que es como decir sin importancia alguna. Hay quien reduce las cosas hasta que ya no poseen encanto ni producen asombro, sino solo asco y tedio.

Todo empieza en la escuela. Ahí se aprende lo totalmente inútil para la vida, pero utilísimo para los negocios, o para medir el índice de la prosperidad nacional, o para hacer estadísticas de accidentes en el mar. En la escuela de Coketown, los niños aprenden que un caballo es un cuadrúpedo graminívoro de cuarenta dientes y fuertes pezuñas, que sin embargo deben ser herradas. Eso dice la definición científica, eso son los hechos. Lo demás —esta es la médula espinal del sistema educativo— son fantasías impracticables que la escuela debe extirpar de sus criaturas cual tumores malignos. Y es aquí cuando Dickens parece pensar en Platón, o en Heidegger leyendo a Platón (pero, naturalmente, no pensaba en absoluto ni en Heidegger ni en Platón), pues esa escena en la que la pequeña Sissy Jupe, la hija de un payaso de circo, fracasa ante la gran pregunta: «Diga usted, niña número veinte, ¿qué es un caballo», expone de la manera más vívida eso que la filosofía dice una vez y otra: saber es estar familiarizado; el conocimiento es uso y trato, es *acquaintance, mit etwas umgehen*, es *epistéme*. Son las criaturas del circo –acróbatas, jinetes, volatineros–, no los científicos, quienes saben qué es en verdad un caballo, aunque –o precisamente porque– no sepan definirlo. Ellas los huelen, los sienten, los entienden, los cuidan, los aman. Es el jinete que cabalga confiado a través de las praderas quien sabe de caballos, no el científico que establece su definición. Es más, esos diagramas, gráficos, índices y definiciones (el niño sin sangre en las venas ni color en el rostro ha pronunciado la respuesta correcta: *un caballo es un cuadrúpedo graminívoro...*) se yerguen como espesos muros entre nosotros y las cosas, de suerte que ya no sabemos nada, ya no conocemos ni poseemos nada, pues lo que no se usa no se tiene.

¡En las escuelas no se enseña nada! Es más, ¡se enseña cómo no saber jamás nada de nada –borrad la imaginación y construid un mundo de puros hechos–! Un caballo tiene cuatro patas, ¡un hecho contante y sonante! Así que los niños son procesados en la escuela como la lana en los telares mecánicos de las fábricas inglesas; y cuando las abandonan nada saben porque nada sienten, nada ven, nada oyen, nada imaginan, nada tratan con intimidad –conocimiento es familiaridad–. Y mientras los hechos crecen como helechos en la noche hasta ocupar la habitación entera en que vivimos, mientras los ríos se tiñen de púrpura y el humo maloliente de las fábricas ennegrece la ciudad, la vida se ha helado, se ha encogido, es del tamaño de una nuez. La esposa de Thomas Gradgrind, madre del mezquino Tom y de la bella y triste Louisa, se ha convertido en una enferma crónica que malgasta su vida entre quejidos y lamentaciones. Se arrepiente de haber fundado esa familia (*y a ver qué haríais sin mí entonces*, les dice a sus hijos) cuyos dogmas le han arrebatado la alegría de vivir. Es una enfermedad psicosomática: ella no es ninguna enferma, es solo una mujer muy infeliz.

Porque los hechos son fríos, los hechos son indiferentes. Al circo, en cambio, no han llegado los hechos, ni el egoísmo que empareda a las personas en su cárcel personal. En el circo todavía hay emociones, hay arte, hay vitalidad, hay flexibilidad, diversión, alegría, hay *personas* y no números encarcelados en cajones –escuelas, esquelas– sin luz (la antigua mina de grisú continúa matando tan ciega e innecesariamente como cuando estaba abierta, sin que el parlamento inglés muestre ninguna reacción). Pero formarse –deformarse– en una escuela de pragmatismo productivo no sale gratis. La realidad humana se toma su revancha, pues –eso escribe Dickens–, mientras los hombres sigan siendo hombres los datos no serán nada más que datos. Y hay que tener clara la distancia.

La vida ha sido aplastada, dice Dickens, y con ella la posibilidad de la dicha humana. A Louisa le han repetido mil veces desde su más tierna infancia que no está bien imaginar ni hacerse ilusiones, ni es razonable divertirse asistiendo a un espectáculo de circo, ni es productivo amar, solo calcular. Así que Louisa se ha prohibido a sí misma sentir nada que no sea indiferencia; se ha inmolado en el altar del Estado utilitarista e industrial (hospitales, escuelas y ayuntamientos eran todos exactamente iguales) mientras meditaba, los ojos fijos en el fuego de la chimenea, en la brevedad de la vida y en la prontitud de la muerte, y aunque solo tiene veinte años ya está hastiada y muy cansada.

Pero no es posible, dice la novela. La vida se resiste a todo cálculo –*hay algo que tu padre se ha perdido, o ha olvidado*, declara la señora Gradgrind en su lecho de muerte–. La vida es pozo, torrente y tempestad –indescifrable, imponderable, insondable–, y al final siempre reclama lo que es suyo. Ahí sigue la vida, riendo y haciendo cabriolas, les guste o no les guste a los capitalistas. Ahí está el circo, sus gimnastas tienen cuerpos, mentes y formas de vida más sanos y flexibles que la asfixiante familia burguesa de la ciudad burguesa. Ahí está el brío del caballo que olemos y acariciamos y no definimos sobre el papel. Ahí está la cualidad inestimable que el «sistema» se empeña en obliterar: en el amor de un padre por su hija –el payaso no ha abandonado a Sissy, se la ha prestado a un mundo ennegrecido como antídoto o contrapeso–; en la compasión, en el respeto, en la simpatía, en la intimidad y en la imaginación, condición necesaria para la comunicación –*¡Piense de nosotros lo mejor, no lo peor!*, le dice a Gradgrind ese viejo hombre de circo que ve solo de un ojo y bebe brandy con agua–. Así que el torrente se abre paso a oleadas y Louisa sufre el colapso nervioso esperado (es la vida reclamando lo que es suyo). Postrada en el despacho de su padre, escenario de su inmolación, la joven reconoce que todo ha sido un gran error; la instrucción de su familia ha tapiado sus manantiales interiores con grandes losas de piedra gris; ha convertido su fuero interno en un desierto estéril y este es el resultado: una mujer en el abismo, una hija trastornada que vuelve a casa bajo la lluvia para pedir auxilio y caer inconsciente y tener quizá la oportunidad de vivir de nuevo según principios nuevos. Debo aprender lo más elemental, le confiesa a la hija del payaso que la ha velado toda la noche, pues a Sissy la escuela no ha conseguido, afortunadamente, enseñarle nada (es la hija del circo), por lo que todavía conserva la bondad y la luminosidad propias de ese espacio fuera del sistema.

¡Capitalistas, positivistas! ¡Escuchad con atención! Vosotros no sois dignos de limpiar las botas del miserable Stephen, pues ellos, los obreros, insectos para vosotros, son poderosos, son un único hombre, ya que a todos los hieren por igual. Dickens rinde homenaje a esas pobres criaturas maltratadas en el discurso que Stephen pronuncia al abandonar la casa de su patrón: ellos, los miserables, los humillados, procuran conservar siempre el buen humor, necesario para sobrellevar las dificultades; y se consuelan los unos a los otros y resisten con entereza las penalidades; ellos, en suma, tienen a Dios de su parte, mientras que los capitalistas no tienen ni al Demonio.

Si «humanismo» significa defender los misterios inefables del alma o la mente o el corazón humanos —sus afectos, creaciones, sueños y emociones— frente a la cosificación del hombre en la sociedad industrial, Dickens es un humanista. Si es «humanismo» el pensar que cada ser humano, cada uno por sí mismo, con independencia de su clase, sexo y raza, con independencia también de las estadísticas que lo reducen a una cifra en los índices de bienestar social, participa de un mismo fuego divino que le confiere derechos inalienables, Dickens es un humanista. Y si entendemos por «humanismo» la creación de esa idea grandiosa, la justicia universal, entonces Dickens no puede militar en ningún otro partido que el humanista. Así es, el artista se ha dejado un pedazo de corazón en esa carroza fúnebre desde la que Stephen Blackpool, el hombre acosado y perseguido por obreros y patronos, que tuvo el inmenso coraje de disentir de la mayoría contra sus propios intereses y de pensar libremente y seguir los dictados de su conciencia (humanismo será derecho a disentir o no será humanismo), esa pobre criatura destrozada observa en el cielo la estrella otoñal que guía el camino hacia su liberación. Dickens es un humanista porque el humanismo es un arma de combate que recuerda al hombre los derechos del hombre no contra las máquinas, sino contra los propios hombres, pues son ellos los que han inventado el «sistema social» que les ha eclipsado la vida.

TRES GUINEAS

En *Tres guineas* Virginia Woolf emplea la expresión «las extrañas» para referirse a las mujeres en calidad de individuos excluidos de una sociedad en la que los derechos y libertades los detentan únicamente hombres. Una sociedad de mujeres será una «sociedad de extrañas», designación que no busca tanto corresponder a una situación de hecho como plantear una exigencia, de entrada a las propias mujeres. Si las mujeres han de unirse de alguna manera en pro de un objetivo común, que se unan en calidad de extrañas y que se llamen a sí mismas «las extrañas». Hacer lo contrario, ingresar sin preámbulos o razonamientos previos en alguna de las muchas asociaciones que componen la sociedad masculina que las ha excluido y que las sigue excluyendo, significaría borrar su diferencia y suprimir su extrañeza, lo cual supondría arrojar por la borda algo que no solo se posee, sino que, según parece, interesa mucho conservar. La escritora dice que enviará una guinea, pero no firmará el formulario. ¿Por qué entrega la guinea? ¿Por qué no firma el formulario? ¿Qué es lo que las mujeres deberían conservar?

La escritora se niega a ingresar en una sociedad de hombres, incluso en aquella con la que comparte proyecto –el proyecto es la defensa de las libertades individuales, la lucha por las garantías universales, el repudio de la guerra; recuérdese que *Tres guineas* está pensado como la respuesta a una carta en la que un hombre le pregunta a una mujer: ¿cómo es posible evitar la guerra?–, *por mor de ese mismo proyecto*. Las mujeres entregarán sus guineas, pero no firmarán esos ni otros formularios, lo cual no significa que estén en otro barco ni que remen en otra dirección. Se negarán a firmar porque no están dispuestas a perder ni un ápice de su fuerza crítica. «La mejor manera en que podemos ayudarle a evitar la guerra –así se resume la respuesta al final del ensayo– no consiste en ingresar en su sociedad, sino en permanecer fuera de ella, aun cuando colaborando con sus fines».

Las mujeres tienen fuerza no por ser mujeres, sino por ser las protagonistas de una larga historia de desprendimiento y desvinculación. La desvinculación hace que uno no le deba nada a nadie. Solo sin deudas y sin compromisos se cuenta con la libertad necesaria para formular la crítica que pone el dedo en la llaga, la crítica comprometedora. La exclusión permite hablar sin miedo, hablar con libertad. Así que la escritora ve la carta sobre la mesa, ve los ojos que parpadean expectantes en algún lugar de la habitación y finalmente escribe *NO*: no pierdo mi fuerza, no renuncio a mi extrañeza, guardaré mi distancia, conservaré mi libertad. Porque esa exclusión, esa carencia, esa falta de derechos y libertades de la que la escritora ha dado cabal testimonio hasta este momento –aduciendo informes, acumulando pruebas, citando epistolarios y esgrimiendo biografías–; ese límite encarnado en una voz que grita *prohibido, prohibido, prohibido*; ese histórico relato que nos han puesto otra vez ante la vista nos ha recordado algo importante y nos ha mostrado en qué carácter las mujeres podrían juzgar, comprender y finalmente ayudar a unos hombres que, contemplando esas fotografías de cadáveres y casas derruidas, fotografías que también ellas contemplan a diario, y de la misma manera, con el mismo horror y la misma repulsión, se han planteado por fin la pregunta «cómo es posible evitar la guerra».

No se trata de la diferencia entre lo femenino y lo masculino; se trata de la diferencia entre lo negativo y lo positivo, el «fuera» y el «dentro». Virginia Woolf dice de muchas maneras lo que podemos resumir más o menos como sigue.

Nosotras, que hemos trabajado gratis durante tanto tiempo, estamos mejor situadas que vosotros, que no solo habéis ganado dinero, sino que además os habéis enriquecido, para acometer la vida poniendo en segundo plano no el dinero –que las mujeres ganen su propio dinero es requisito para evitar la guerra; las tres guineas son una y la misma–, pero sí la acumulación de dinero. Nosotras, a quienes la historia ha obligado a observar con exquisita indiferencia la fama, los premios y las distinciones, podremos ejercer con mayor soltura la castidad intelectual que, según hemos razonado, parece estar íntimamente vinculada con la noción de libertad espiritual; estamos, por tanto, más capacitadas que otros individuos para explicar cómo es posible defender la «cultura libre y desinteresada». Nosotras, mujeres, acostumbradas al ridículo, familiarizadas con la burla y el escarnio, obligadas a ver en la oscuridad, capaces de resistir el reproche y la censura a fuerza de costumbre, contamos, por lo mismo, con más determinación y más recursos que vosotros para no aceptar los sobornos ni sucumbir a las tentaciones que corrompen no solo al escritor y al artista, sino al ser humano en general... siempre y cuando sigamos donde estamos: fuera; siempre y cuando conservemos lo que tenemos: la distancia, la extrañeza. Esta es la exigencia que las mujeres imponemos sobre las mujeres. En cuanto a nuestra cualificación para responder a la pregunta «cómo es posible evitar la guerra», lo cierto es que nos avala un largo entrenamiento consistente en prescindir de púlpitos, carecer de medallas, no vestir uniformes, no deslumbrar a ningún público y no ostentar nunca cascos de plumas sobre nuestras cabezas. Somos históricamente inmunes a cuantos móviles y estímulos los hombres han tenido –ahí están las cartas, las biografías– para hacer la guerra. No estamos infectadas. Hemos aprendido a vivir sin títulos, sin condecoraciones, sin honores, y no estamos dispuestas a perder las ventajas de tan largo aprendizaje. Conque seguiremos careciendo de uniformes, seguiremos sin lucir medalla alguna; continuaremos llamándonos las Extrañas, las Anónimas, las Infames, pues ya hemos visto en qué sentido esta es la condición de que tengamos las capacidades que hemos dicho que tenemos.

No queremos salvar distancia alguna si decimos que la potencia crítica de lo excluido no es una idea nueva. La propia Virginia Woolf se hace eco de ello cuando escribe acerca de *Antígona* o remite al lector a *Lisístrata*.

Sobre una escena al aire libre, a pleno sol, voces de hombres imitando a mujeres se elevaron para denunciar los aspectos perniciosos de la vida política, o como tengamos que llamar a eso que ocurría y estimulaba y preocupaba a los intelectuales, o como tengamos que llamarlos, de la Atenas del siglo v a. C. También aquí la expresión

«voces femeninas» quiere decir voces de extrañas, voces de exclui-
das, voces de extranjeras, invisibles, oscuras, censuradas, ausentes,
silentes. Las mujeres de *Lisístrata* hacen uso de la fuerza de lo negativo. Se niegan y niegan. La venganza de Medea consiste en socavar
ciertos planes de futuro masculinos. No engendraréis más hijos que
continúen esto; no tendrás linaje que te perpetúe. *No, no y no*, eso
dicen las mujeres. Negarse a participar, contemporizar, reproducir
y colaborar es la manera de perseguir los grandes fines comunes –
Igualdad, Justicia, Libertad– conservando a la vez la distancia crítica,
por eso no firma el formulario la narradora de *Tres guineas*.

Hamlet sitúa a los reyes de Dinamarca ante una representación
que los refleja. En *Entre los actos*, Virginia Woolf escribe acerca del
espejo que una directora de teatro extravagante coloca en la escena
para reflejar a hombres y a mujeres. Si el teatro es un espejo, si de
verdad queremos y necesitamos que otros nos digan quiénes somos,
entonces y de nuevo los extraños, los excluidos, las mujeres, son necesarios precisamente por extraños, excluidos y mujeres.

Las tres viejas de Aristófanes

Dicen los estudiosos que Aristófanes pudo haber compuesto su comedia *Las asambleístas* para estrenarla en las fiestas de Atenas en torno al año 392 a. C. Es una comedia negra, algo así como las pesadillas de Goya, las locuras del Bosco y las orgías del Marqués de Sade.

Una mujer se propone salvar la *pólis*, porque sí: la *pólis* está enferma, quizá terminal. Su plan de salvación es un remedio último y desesperado. Parece que los atenieses ya lo han probado todo, así que ¿por qué no intentarlo una vez más? ¿Por qué no probar con ese último recurso, las mujeres? La mujer ha salido de casa antes del alba. No ha dormido en toda la noche. Sostiene un candil para alumbrarse en la oscuridad mientras aguarda la llegada de sus amigas. Sola en la escena, apostrofa al candil. A su candil una mujer puede contárselo todo. Y se lo cuenta todo, pues esa luz mortecina ha visto lo más secreto —sus muslos abiertos, sus posturas sexuales, sus paseos nocturnos a la despensa—, y lo sabe todo, ¡es el sol de las mujeres! La comedia arranca no con un himno al honesto sol masculino, sino con un encomio a la lámpara de aceite femenina, amiga de los amantes, los insomnes y los bandidos. A la escena llegan poco a poco mujeres disfrazadas de hombres. Porque los hombres se han dejado desnudar. Ellas se han llevado los mantos, las sandalias y los bastones de autoridad. Se han cosido barbas postizas; la navaja hace días que no les roza la piel; se han bronceado y no lucen tan pálidas como de costumbre. ¡Ya parecen hombres! Ellos, por su parte, han perdido los bastones por su propia negligencia y se han feminizado a causa de su pasividad. Al fin y al cabo, lo más notable que en la comedia hace el esposo de Praxágora –así se llama la protagonista– es defecar de forma ostentosa fuera de casa. Viste las ropas color azafrán de su esposa y sus zapatillas persas. Invoca a la diosa de los nacimientos en la posición propia de las parturientas. Se esfuerza en vano por dar a luz públicamente una soga de podredumbre interminable. O eso dice el vecino que lo sorprende acuclillado. De la asamblea vuelve ya un conciudadano, que le cuenta las novedades: un grupo de hombres pálidos como zapateros ha convencido a la asamblea. Todo ha quedado decidido: el mando será entregado a las mujeres.

Por algún motivo a elucidar, Aristófanes no ha hecho de la asamblea un acontecimiento dramático, sino que la presenta indirectamente mediante discursos –¿y qué otra cosa es una asamblea sino un montón de discursos?–. Primero, Praxágora ensaya su intervención y entrena al mismo tiempo a sus amigas. Es una oradora formidable. Sabe muy bien qué debe decirse y qué debe callarse ante la multitud. Hay que hablar de pactos y aliados. Hay que seducir a la muchedumbre. Tras la escena escatológica (no hay otra igual en Aristófanes), el relato del conciudadano expone lo que ya son hechos consumados. La horda de zapateros aplaudió masivamente la propuesta extravagante de un guapo joven pálido –Praxágora–, que ganó así la votación. Muchos ciudadanos se quedaron fuera del cordón que delimita la asamblea, lo que lamentan no tanto por haber fallado a su deber cívico como por no haber podido cobrar los tres óbolos reglamentarios –en el siglo IV a. C., Atenas pagaba no solo la actuación de los ciudadanos en los tribunales, sino también en las asambleas–.

El tema de los tres óbolos es recurrente. Sugiere que en Atenas no hay ya ciudadanos comprometidos con su comunidad, sino mercenarios movidos por el propio interés. En los tiempos que corren los hombres no hacen política sin incentivos, dice el coro de mujeres remedando los andares de ancianos rústicos. Antes, en cambio, marchaban tan felices con sus tres honestas cebollas a deliberar juntos los asuntos comunes. Daban, no tomaban. Se integraban, no se alienaban. Pero las cosas han cambiado. En el ensayo, Praxágora dijo que podría convencer a la asamblea argumentando que las mujeres son gobernantes natas, pues cuentan con una experiencia milenaria en la gestión de la hacienda y la casa (pero la *pólis* no es la casa; «economía» no es «política»). Además, su gobierno no buscará la novedad por la novedad, como está ocurriendo ahora, sino que respetará los usos y costumbres avalados por el tiempo. Ellas tejen igual que antes, cocinan igual que antes, beben vino igual que antes, traicionan a sus hombres igual que antes. Tienen a los ancestros de su parte. Ahora bien, lo que se ha votado en la asamblea redunda en el colapso de todos los usos y costumbres ancestrales. Se explica que en adelante no habrá pleitos ni juicios, es decir, no habrá legalidad. Salvar la *pólis* significa –ahora lo sabemos– dejar la *pólis* definitivamente atrás.

No se trata de un retorno al estadio pre-político, cuando la gente habitaba casas dispersas sin reuniones ni leyes comunes. Será un estadio post-político, ya que la gran casa única, sin paredes ni tabiques, de la que se habla en esta comedia no es sino la negación de la diferencia formal entre la *pólis* y las casas. La ciudad será una gran cocina y una gran alcoba, pues preterir la *pólis* es, en el momento en que Aristófanes compone su obra, idéntico con resucitar la «naturaleza», posible nombre del reino amoral y del impulso hedonista.

Una casa única no es casa, pues una casa no lo acoge todo por igual. En el estado post-político no hay distinción entre «lo de afuera» y «lo de dentro» porque, sencillamente, no puede haber límites, no puede haber fronteras. La diferencia entre el espacio simétrico –la *pólis*– y el ámbito asimétrico –la casa– ha sido abolida de golpe. Por eso las palabras clave de la propuesta de Praxágora son «común» e «igual». Todo será de todos. Nada será de nadie. A tendrá tanto como B, de manera que A y B sean iguales. A primera vista la idea tiene sentido. La marcha de la *pólis* ha generado desigualdades desconocidas hasta ese momento, pues ha separado lo social de lo ecológico. ¿Qué significa esto?

En su estudio sobre los nuer (*The Nuer. A Description of the Modes of Livelihood and Political Institutions of a Nilotic People*, 1940), Evans-Pritchard sugiere que los nuer son tribus «democráticas». En su país no hay ricos ni pobres. Nadie tiene demasiado. Y no solo porque la carencia se considere un estímulo de la virtud –la fuerza, la belleza y el coraje–, sino porque, en su medio, acumular riquezas no tendría ningún sentido –¿quién querría millones de lanzas, cabezas de ganado o utensilios?–. Hay una correspondencia entre la vida social y la vida ecológica. Los nuer aceptan las condiciones ambientales tal como vienen dadas. Pero Evans-Pritchard no dice en ningún momento que los nuer sean un pueblo «natural». Al contrario. Enfatiza una y otra vez la determinación total que implica su peculiar estructura social –es la imaginación social la que conforma la vida real–. Su tiempo es social, su espacio es social. Lo que pasa es que su vida «social» no ignora ni trastorna los ritmos ecológicos dados: el sol y la luna, la lluvia y la sequía, el nacimiento y la madurez humanos.

Lo que ocurre en Grecia en el momento en que Aristófanes produce su comedia presupone una desconexión progresiva de lo social y lo ecológico. Atenas ya no está en ningún lugar. Ha roto con su entorno. Sus cereales vienen de otra parte; su riqueza es en gran medida monetaria. Algunos ciudadanos poseen muchísima tierra, pero otros no tienen donde caerse muertos. La tensión que hará estallar la comunidad griega no es disimulable. La desigualdad se ha exagerado. Ya no se conocen las medidas. La *pólis* de Pericles ha roto con las condiciones ecológicas del medio: no depende del ganado ni de la agricultura. Depende de las minas, del tributo de los aliados, del comercio exterior e interior. ¿Y quiénes son, después de todo, las personas que aparecen o se mencionan en *Las asambleístas*? Son comerciantes de pellizas, son vendedores de harina, son taberneros y tenderos, son «funcionarios públicos» que no hacen nada –nada real o ecológico– para ganarse la vida. Son seres anónimos, pasajeros y banales que viven de algo indefinido, incluso indecente y obsceno –la lengua es el instrumento político principal–. Los atenienses son farsantes que se lucran sin esfuerzo porque ¡mienten y roban sin parar! –¿*cómo crees que ha amasado ese su riqueza, sino perjurando?*–. Ya no son los granjeros-campesinos-guerreros que solían ser. Ya no son *hombres sino sodomizados, pervertidos, afeminados*. Sea como fuere, en un «sistema social» que se ha independizado hasta ese punto de lo inmediato, la desigualdad, al ser abstracta –lo económico-social empieza a basarse en relaciones abstractas–, puede crear fantasías imposibles en aquel país moribundo de los nuer que Evans-Pritchard visitó en los años treinta del siglo pasado. Allí era impensable que alguien fuese el dueño de un millón de vacas mientras otros no poseían ni una mísera cabra.

Algo así se propone remediar Praxágora; iniciativa loable, pues hace tiempo que los griegos saben que las grandes desigualdades no pueden sino reventar desde dentro la comunidad. Hasta aquí bien. Pero ¿acaso es posible una reforma más? Praxágora no es Solón.

Es una ateniense del siglo IV a. C., y la igualdad aritmética que promueve tras su triunfo en la asamblea es bien distinta de la igualdad en que pensaba Solón. Su igualdad no estriba en un reparto justo ni en dar a cada uno lo que le corresponde según mérito o necesidad. No consiste en poner cada cosa en su sitio según el ser que le es propio. Su igualdad es indiferencia. Da lo mismo vestir tu manto que otro cualquiera. Ya no hay «tú» ni «otro»: no hay diferencias. Todo es uno. La palabra «común» adquiere en sus labios un significado nuevo: alude a la masa revuelta e indiferenciada, a la gran noche de la indistinción total. Por lo demás, su reforma post-política contempla la posibilidad de que cualquiera procree con cualquiera. Los hijos serán comunes: no serán de nadie y serán de todos. El proyecto casi suena cristiano –¿no es cristiano afirmar que todos, indistintamente, son los hijos de Dios? ¿No es el amor universal, promiscuo, indiferente, un concepto cristiano?–.

Pero los griegos no son estoicos ni cristianos. La propuesta de Praxágora es un disparate, lo vean sus vecinos o no lo vean. El público lo ve. En la escena aparece de pronto un desconocido, un ateniense *cualquiera*, que al ver cómo un ciudadano está reuniendo *en serio* sus bienes domésticos para ponerlos en común, expresa el escepticismo terapéutico de la enajenación colectiva. ¿Soltar mis cosas? ¿Acaso Antístenes el estreñido ha soltado las suyas? No soltará lo que tiene escondido en el vientre –su riqueza invisible, sus monedas– ni en un millón de años. Además, los atenienses derogan hoy lo que aprobaron ayer, así que lo más sensato es esperar y ver qué hace la mayoría. Lo mejor es contemporizar y tolerar y sacar provecho individualmente. Pero rematar el retrato de la podredumbre ciudadana necesita más. El paseante escéptico empieza a interesarse por el nuevo proyecto colectivo al descubrir que las mujeres están ofreciendo gratificaciones gratuitas en lo que antes eran los edificios venerables de la ciudad. Entonces se le abren las mandíbulas –miserias de la naturaleza–, y corre a la Pnyx cual hiena hambrienta.

Una vez que el plan de reforma ha quedado expuesto analíticamente, Aristófanes procede a una mostración de las consecuencias de los nuevos decretos femeninos. Lo hace de una sola vez, mediante una gran escena final. Es posible que a algunos lectores contemporáneos les desagrade o decepcione esta escena de Aristófanes, pero es una escena maestra, es un golpe genial. Es cierto que no hay grandes canciones corales, solo cancioncillas populares. Pero Aristófanes es el autor de *Las aves*, es el poeta de *Las nubes*. Si algo no funciona, nosotros somos responsables.

El proyecto de igualdad implica un programa de prácticas sexuales reglamentadas. Ya no hay casas, y las mujeres han quedado libres de tutelas. Caminarán por las calles a sus anchas, como los hombres. Se calzarán sandalias laconias, como los hombres. Tirarán las zapatillas persas y los vestidos azafrán –porque las cosas minúsculas, por inconscientes, son elocuentes–. Quizá continúen tejiendo ropas, pero no lo harán por los hombres, sino por el proyecto colectivo. Han decretado un régimen sexual igualitario que prohíbe que unos tengan muchísimo sexo y otros poquísimo. ¿Cómo sería esa vida sexual igualitaria? ¿Cómo se repartiría el sexo ignorando diferencias inmediatamente dadas? Traslademos a la vida la idea de Praxágora, ¿qué consecuencias tendría?

No podrá ocurrir en ningún caso que unos se sacien de sexo (los jóvenes, las jóvenes) y otros perezcan de abstinencia (los viejos, las viejas). Todos deben tener una satisfacción igual. Se ha promulgado una ley a estos efectos: un joven no se acostará con una joven atractiva sin antes haber satisfecho las demandas de una anciana fea. El nuevo gobierno no permitirá que la potencia sexual sea privilegio de unos pocos. Ha de ser común: todos y todas deben tener parte, da igual quiénes o cómo sean. Una muchacha y una anciana se disputan los favores del primer hombre que pase ante sus puertas. La calle se queda desierta y un joven aparece. Busca saciar su deseo de la chica atractiva, por supuesto. Pero la vieja se adelanta: ¿acaso no te has enterado del nuevo decreto? ¡Hay que obedecer las leyes! ¡Cumple conmigo antes de nada! Es una anciana repulsiva. Lleva la cara pintada y se ha perfumado. Es tenaz como una zarza y se niega a soltar el joven cuerpo masculino de sus manos corrompidas. Es estéril. Es lasciva. Es una madre ateniense. Nadie sino ella ha dado a luz a los ciudadanos que ahora son Atenas. ¡Tiene un bulto en la mejilla! ¡Huele a muerto! ¡Ha empezado la descomposición!

Huele a muerto. Este es, eso parece, el mensaje de Aristófanes. Ha terminado el día y es hora de cenar y de acostarse... en el cementerio. Rodajas de pescado, pichones guisados, liebres al vino. ¡Esto es lo que les gusta en el fondo a los atenienses! ¡Esto es lo que los hace enloquecer! No la *sophía*, no la *pólis*, no el arte, no la fama que eligen siempre los mejores. Eso es lo que sois, les dice brutalmente la comedia a los espectadores.

El joven se ve acorralado cual presa de caza. Una segunda vieja –más vieja, más fea, más repulsiva– rivaliza con la primera. Reclama su derecho a gozar de los encantos masculinos en primer lugar, pues el decreto contiene una cláusula que dictamina que, si dos viejas esperan satisfacción, la más fea tendrá la preferencia. Ningún hueco femenino quedará desierto en el nuevo gobierno, apuntaba un hombre. El acoso de las viejas es fulminante. Y llega todavía una tercera, más podrida que las anteriores, para imponer su voluntad –qué cosa más terrible es el sexo sin consentimiento, dijo Blépiro–.

Vasos fúnebres; imágenes mortuorias; el cerámico de Atenas. Es embarazoso, es desagradable. Nadie desea ver cómo unas madres provectas pierden los papeles de pura incontinencia. O eso le parece al contemporáneo.

Pero, en la náusea, los escrúpulos vuelven a vivir. La comedia ha bajado a los infiernos y ha descubierto lo peor –la igualdad de lo peor–. Los muertos, si reviven, no es por sed de sangre sino de sexo. No se vuelve del Hades para aconsejar a la ciudad y mejorar las cosas. El viejo Aristófanes destapa las miserias y los esplendores de esos seres que no son más que barro y sombra, sueño y nada. En *Las asambleístas*, figuras grotescas y aderezos fúnebres han colonizado la escena. Quedan los pasteles, el pescado del día, el queso y la miel, las alondras guisadas al vino de la última cena.

Reflexiones nuer

Una mujer nuer cocina tranquilamente la cena en un campamento africano. No podría cocinar la cena sin el respaldo de su comunidad. Es la comunidad la que cocina la cena, no ella misma por su cuenta. Los nuer han cuidado las vacas juntos, han plantado el grano juntos, han ordeñado juntos. Hoy por la tarde una mujer contemporánea prepara tranquilamente su cena en la cocina de su apartamento. En ese quehacer cotidiano están ella y su trabajo asalariado, ella y sus compras de productos que alguien pescó o plantó muy lejos de su lugar de residencia, y a quien por supuesto no ha visto jamás.

En sus investigaciones sobre los nuer, el antropólogo E. E. Evans-Pritchard resalta a menudo el vínculo directo del nuer con su entorno, su gente y sus cosas. Nosotros no tenemos ninguna relación directa y necesaria con el entorno, la gente y las cosas. Allí todo era real. Aquí todo es irreal. Allí todo era inmediato. Aquí todo ha dejado de ser inmediato.

Los nuer no se imponen al medio en que viven, sino que el medio se impone y configura la forma de vida de los nuer. Ellos no crearon las temporadas de lluvia y de sequía, ni las plagas que agobian al ganado, ni la sabana, donde no hay hierro ni piedras. Y respetaron eso y vivieron abrazando eso. La conformidad ecológica de sus vidas era, aparentemente, total. Apenas tenían madera. No enviaban expediciones a talar bosques al otro lado del mar, sino que tomaban lo que necesitaban de los animales y las plantas que crecían alrededor. Cuernos, juncos, escrotos de jirafa. Y apenas cazaban y apenas mataban. Es verdad que de vez en cuando realizaban incursiones violentas en otros territorios para robar ganado o canoas. Pero es que los nuer tenían que afirmar su diferencia frente a las demás tribus, y lo conseguían manteniendo siempre vivo un estado de permanente hostilidad. Los robos de ganado eran sus hazañas, sus proezas. En ciertas épocas del año, apropiarse del ganado de sus vecinos los dinka era una rutina. Hay muchas tribus en torno a los nuer, sin que nada las cohesione. Cada comunidad es un mundo en sí mismo; las reglas que valen dentro de su localidad (el precio de sangre, por ejemplo) no tienen por qué valer fuera, y de hecho no valen. Los nuer no son los dinka y los dinka no son los nuer, por lo que los nuer roban las vacas de los dinka con total naturalidad. Porque las comunidades son comunidades –así lo explicó Pierre Clastres en *Arqueología de la violencia*– porque están siempre en pie de guerra las unas con las otras. Cada una libra una batalla encarnizada por defender su diferencia y conservar su especificidad. Y lo cierto es que la paz identificaría a aquellos que quieren permanecer radicalmente desidentificados, por eso hay guerra y por eso no hay estado.

Las vacas son las grandes protagonistas de las vidas de los nuer. Los jóvenes se identifican con su vaca particular, esa que le asignan tras sufrir la iniciación a la vida adulta –una mutilación seguida de un período de reclusión–. Usan mil expresiones para distinguirlas. Especifican su color, la forma de los cuernos, el sexo y la edad, que hasta un niño sabría determinar a simple vista. Podrán darles oro y podrán darles plata. Los nuer los despreciarán, pues solo la vaca es valiosa, es vida, es amiga, es trabajo, es gozo. Evans-Pritchard dice que los nuer son un auténtico «pueblo primitivo», y nos remite a las fotografías. Un muchacho desnudo recoge el estiércol de las vacas, que se empleará para toda clase de fines. No necesitan vender, no necesitan comprar. Parecen los dueños del mundo, autosuficientes como los dioses. En ocasiones, el antropólogo social deja entrever cierta admiración por ese «pueblo primitivo». Los nuer aceptan las catástrofes con imperturbabilidad asombrosa. No los altera que los elefantes pisoteen sus pobres cultivos tres años seguidos. Es su coraje y confianza en las propias fuerzas, que saben necesarias para resistir las pruebas y agresiones del entorno. Al fin y al cabo, no hay policía ni aparato estatal que haga por ellos el trabajo de asegurarse inmunidad física. No hay autoridades. Y esto tiene consecuencias.

La escasez es madre de la virtud. Porque tienen poco, los nuer reparten mucho. Son generosos porque saben que hoy se da lo que mañana se toma, y todos son parte de un mismo tejido inextricable. Su conjunto de valores –el aprecio por la valentía que promueve la escasez–, así como la conformidad con el medio climático y el carácter cerrado de su comunidad, explican que los nuer que conoció Evans-Pritchard no se propusiesen nunca mejorar el rendimiento de sus cultivos introduciendo innovaciones tecnológicas. Son vaqueros, no agricultores –aunque cultiven el suelo durante cierta época del año–. La vaca está por encima del mijo; no tiene sentido cosechar más de lo que se puede consumir, y el hambre forma parte del imaginario nuer –las fotos incluidas en el libro muestran esbeltos cuerpos atléticos–. Tienen lo que necesitan y un poco menos de lo que necesitan. Si tuviesen más, solo podrían regalarlo. Si consumiesen más, solo podrían echarse a perder. ¿Y de qué valdrían unos hombres incapaces de cuidar vacas y resistir lluvias y sequías? Si tuviesen más vacas de las que pudieran conocer de forma íntima, ¿acaso las tendrían? Porque ellos desarrollaban relaciones afectivas con sus vacas, y no se puede desarrollar relaciones afectivas con un millón de vacas. Entre los nuer hay vacas favoritas con nombres específicos. No poseen ganado en general. Tienen animales únicos.

No son explotadores del medio. No son consumistas ni ahorradores. No son hedonistas. No son estandarizadores. Son guerreros, son vaqueros, son orgullosos. Son como los cíclopes, que carecen de asambleas y consejos. Son como Aquiles, pues no perdonan las ofensas y solo en las formas aceptan compensaciones por los parientes o amigos que les han sido asesinados.

Evans-Pritchard nos informa de que, en la lengua nuer, ninguna palabra significa «tiempo». Porque no cuentan con ninguna realidad llamada «tiempo», los nuer no tienen ni que ahorrar tiempo ni que acomodarse al tiempo ni que temer el paso o el desperdicio del tiempo. No deben cuadrar sus actividades cotidianas en una agenda basada en el calendario mundial –¡pueblo afortunado!, exclama el antropólogo–. No necesitan relojes. Les basta abrir los ojos y ver que la noche empieza a agrietarse como un pastel en el horno y el alba se prepara. Ven el sol adueñándose del cielo. Lo ven cansarse. Lo ven acostarse. Un nuer no se va a la cama porque ya son las once p.m., sino que se va a la cama porque es de noche y es de noche porque se va a la cama. No hay entre ellos tiempo abstracto, sino actividades relevantes y acontecimientos significativos que los orientan espacial y temporalmente. En la escala del día y la noche, las necesidades de las vacas marcan los tiempos: deben salir a pastar, deben recogerse a fin de no perecer en las garras de las fieras. Deben beber, deben ordeñarse. En la escala del año, las variaciones del paisaje cambian las temporadas. Durante las lluvias, los nuer son sedentarios. Es la época de la horticultura y de las celebraciones. Porque los nuer no se casan en cualquier momento del año. No podrían ni querrían. No siempre tienen la misma cantidad de comida. Hay períodos de abundancia y períodos de escasez. Durante la sequía, abandonan las aldeas y levantan campamentos; pescan, cazan; cantan, se distraen; porque el tiempo no es un sistema de cómputo abstracto, y lo cierto es que la vida no es la misma durante las lluvias que durante la sequía. En tiempos de sequía la vida es más lenta, más monótona; hay menos acontecimientos; los momentos se diferencian menos entre sí. El tiempo de los nuer es la temporalidad imprecisa de la vivencia, no el tiempo exacto de la teoría.

Pero ¿a qué hablar de los nuer? ¿Qué es la antropología? ¿Por qué seguimos leyendo con vivo interés los viejos trabajos de Evans-Pritchard? Los leemos porque nos descubren que el mundo moderno es solo un mundo entre otros, no importa cuán vasto sea su dominio. Nos demuestran que hay otras «racionalidades» distintas de la europea, y más formas de vida válidas. Más válidas incluso, pues aquellas perduraron milenios más o menos estables, mientras que la nuestra solo tiene unos cuantos siglos de vida trepidante. Nos interesan porque conocemos siempre por contraposición, y solo comparando es posible medir la distancia con exactitud. ¿No es acaso el estatismo de los nuer, que se pensaban en los principios del mundo al cruzar la sabana a grandes zancadas, como los héroes, insoportable para cualquier moderno? ¿No es su paso a través de las edades, pautado de antemano por la herencia de la comunidad, la cancelación del futuro no escrito, el futuro sin pasado, al que un moderno quiere agarrarse con todas sus fuerzas para escribir ahí, con independencia del medio y de la tradición, lo que personalmente quiera? Por eso las impresiones subjetivas del antropólogo social, incluso de uno tan sobrio y contenido como Evans-Pritchard, son elocuentes e instructivas. Nos muestran nuestra propia ambivalencia, nuestro propio malestar, así como nuestro alivio inmenso por no tener ya que depender de las vacas ni de las sequías ni de los rituales ni de los sexos ni de los grupos de edad. Nos enseñan nuestra inquietud incurable y nuestro anhelo de libertad.

En 1903 August Strindberg publica su novela autobiográfica *Ensam (Solo)*. No sin ambivalencia, escribe que en Suecia las diferencias entre las estaciones han sido prácticamente niveladas, por lo que su sucesión regular apenas significa nada. Verano e invierno han dejado de ser los condicionantes poderosos que eran antaño. Ya no pueden forzarnos a cambiar nuestra forma de vivir. El invierno ya no es la temporada de la parquedad, la sombra y el confinamiento en espacios interiores. La primavera no es ya esa época de luz y retorno gozoso y ruidoso al exterior –se abren las ventanas, los caminos se despejan–. En el mundo moderno, cualquier cosa puede hacerse en cualquier momento. El ferrocarril nos presta alas; la máquina quitanieves nos rescata del secuestro de la naturaleza; el teléfono obra un truco de magia cotidiano y la lucha, dice Strindberg, es siempre ahora. En la modernidad, mi país no está a siete sueños del tuyo –los nuer medían las distancias contando sueños–. Yo estoy aquí, pero a la vez no estoy aquí, sino en ninguna parte y en todas partes al mismo tiempo. Y es quizá por esta ambivalencia que la sensatez ecológica de los así llamados «pueblos primitivos» resulta el medicamento ideal que el médico –¿antropólogo?– prescribe al mundo moderno.

Ornamento y crimen

¿Qué efecto tienen los *ready-made* sobre la idea ordinaria de cosa? ¿Acaso no demuestran que una cosa es un valor de uso y que el uso consiste en cumplir un trabajo, una función –los griegos lo llamaban *érgon*–? Al arrancarla de su contexto funcional y situarla en otro afuncional –un museo, por ejemplo–, la cosa es destrivializada de manera que la norma resulta confirmada: una cosa es una función cumplida, es una obra cumpliéndose. Aristóteles lo dice una y otra vez. Ser un pájaro es comportarse como un pájaro, un cuchillo es una herramienta para cortar con precisión. Y si los usos de las cosas se confundieran, si una misma cosa se utilizase para varios fines inconexos, entonces no habría ni funcionamiento correcto de la cosa ni habría cosa; cosa honesta, cosa que es verazmente cosa.

Pero el artesano ha pervertido su arte, comenta Adolf Loos al reflexionar sobre su oficio. ¡Arquitectos! ¡Nosotros somos artesanos! Debemos eliminar el ornamento y producir lo utilizable. Debemos recuperar la honestidad de las cosas, que es también nuestra propia honestidad. La vajilla blanca. La bombilla desnuda. El pomo de una puerta. ¡Mirad! ¡Es el pomo de una puerta! ¡No es una sirena ni una gárgola ni un león! Es el pomo de la puerta de la casa que Wittgenstein diseñó para su hermana; el pomo más sencillo de la puerta más honrada, más sencilla. Hizo falta un filósofo para diseñarla, es decir, para

descubrir la trivialidad inocente de que el pomo de una puerta debe
servir para abrir con facilidad una puerta y que no reparemos en él,
pues no se repara en lo que funciona, sino que dejamos que esté ahí
tranquilamente; dejamos que sea, que sirva en su seguridad, que es
a la vez su ausencia de llamatividad. Para eso hizo falta un hombre
honesto. Para eso hizo falta un filósofo. Wittgenstein y Loos eran
ciudadanos del imperio austrohúngaro. ¿Acaso se desmoronó ese
imperio por su deshonestidad?

El «héroe de Solferino» (Joseph Roth, *La marcha Radetzky*) salvó
la vida de Francisco José I gracias a un acto reflejo, y recibió a cambio un título nobiliario. Su nieto, el teniente von Trotta, vivió a la
sombra de su abuelo una vida malgastada de soldado en tiempos de
paz, jugando a la ruleta y amando a las mujeres de otros hombres.
Y murió cuando por fin se resolvió a cumplir una tarea útil: recoger
agua de un pozo para calmar la sed de sus hombres en el campo de
batalla. La futilidad y la inanidad de los von Trotta se extinguen a la
vez que la monarquía que los hizo. Es la Gran Guerra. Es el final. La
brutalidad de la verdad destruyó el imperio. Porque no era una cosa
honesta (una sola cosa), sino un monstruo multitudinario. Parece
extraño, pero Wittgenstein luchó a las órdenes de las autoridades
de un imperio en el que no creía. «¡La raza inglesa es superior a la
raza alemana! ¡Los ingleses no *pueden* perder!», escribía en su diario en octubre de 1914, en las proximidades de la frontera oriental,
a bordo de un barco que patrullaba el Vístula. Tras la guerra, decep-
cionado quizá por no haber muerto pese a todo, Wittgenstein se
liberó: se mató económicamente donando su inmensa riqueza a
sus hermanas, pues ya eran lo bastante ricas para que esa herencia
les hiciese ningún daño.

Wittgenstein admiraba a Loos, y el pomo de la puerta de la casa
de su hermana era una protesta, una crítica, una denuncia. En ese
imperio no era posible vivir. En esas casas no era posible habitar.
No eran, pues, casas; eran museos, tumbas, tiendas de antigüedades
atestadas de accesorios que impedían lo principal. Húngaros, ucra-
nianos, eslovenos, rumanos, serbios, croatas y austríacos se quitan
de pronto el disfraz –pues eso era en realidad: el barón von Trotta
se peinaba igual que Francisco José I, y parecían dos hermanos, dos
gemelos–. Pero volvamos a Aristóteles.

Su frase recurrente «la naturaleza hizo una cosa para una sola
cosa», ¿es también crítica social? Eso pensamos, pues cuando

Aristóteles escribe la vida ya se ha complicado bastante. Hay herreros que fabrican cuchillos multiusos, contrariando así a la «naturaleza», que ha dispuesto sabiamente que una cosa sirva para un solo fin. La navaja polivalente es un fraude que confunde a las personas y enriquece a los herreros. Porque sí, las artes se han pervertido, sugiere Aristóteles. Hemos inventado ese animal inédito, el incremento ilimitado de la riqueza, y la finalidad ínsita en las cosas mismas ha sido postergada, y con ella las cosas y los saberes de las cosas. Un médico no solo quiere mi salud, sino también mi dinero. Un arquitecto no solo quiere construir la casa en que es posible vivir, sino también lucrarse personalmente.

El imperio se ha llenado de cuervos. El conde de la novela de Joseph Roth termina su carrera en el psiquiátrico de Steinhof. ¡El ornamento es crimen!, escribe Adolf Loos, y lo que salva es la fidelidad a la época moderna. Porque somos modernos, y lo que valía para los hombres del medioevo o para los indígenas de Papúa –aquellos tatuajes, aquellas perforaciones– no vale ya para nosotros. Nuestro estilo es no tener ningún estilo: *la grandeza de nuestra época consiste en que no está en capacitada para producir ningún ornamento nuevo; hemos superado el ornamento.*

Los zapatos lisos, sin adornos. La pitillera lisa, sin ornamentos. «El ornamento ya no es un producto natural de nuestra cultura». Nuestra piel debe estar limpia de adornos y nuestras casas deben ser habitables, utilizables, pues ser una cosa –eso dijo Aristóteles– consiste en realizar una obra y cumplir un trabajo –un deber– de forma excelente; y no es casual que aquellas casas griegas serviciales, funcionales, hayan desaparecido de la faz de la tierra junto con sus usuarios. Porque los arquitectos, dice Loos, no son artistas cuya tarea es incomodar al mundo y no rendir pleitesía a nadie, sino artesanos que deben poner su conocimiento al servicio de una necesidad, por eso tienen la obligación de subordinar su arte a la cosa misma, que es a la vez el uso, la belleza y la función. Es la casa, la casa que usan las personas, la que impone su forma y su norma, no el arquitecto.

Pero la desnudez es insoportable –nuestro estilo es no tener estilo–. El frío vacío se debe resistir. El alegato de Loos a favor del artesano era rompedor, era revolucionario. Unos zapatos lisos, unas bombillas desnudas y una casa sin fachada gritaban en silencio contra la hipocresía y la doble moral. El adorno es crimen, degeneración. La función es verdad, honestidad.

Los colores de los griegos

No estoy segura de que los griegos antiguos hayan tenido una «cosmovisión mitológica», ni siquiera los más arcaicos. Sí puedo decir con seguridad que, viesen lo que viesen, lo veían de una manera que nos cuesta mucho comprender, y hayan dicho lo que hayan dicho, no podemos reproducirlo. Los griegos hablaban una lengua a la que ni la más impecable de nuestras traducciones hace justicia. Decían cosas que las lenguas modernas sencillamente no pueden decir, cosas tan fascinantes como incómodas. Pensemos en la palabra *kósmos*. No está nada claro que sepamos traducirla. Nos suena a léxico filosófico, pero es una palabra muy común. ¿Qué significa exactamente? Abrimos el diccionario de griego que tenemos a mano y leemos lo siguiente: *división, orden, adorno*. Una formación de guerreros es un *kósmos*; pero la diadema que embellece una melena femenina también es un *kósmos*. ¿Qué tendrán en común la cosmética y las filas militares? El diccionario guarda silencio y deja un enigma en nuestras manos. Pero si no somos capaces de entender la semántica de una palabra sencilla y corriente, ¿cómo aspirar a comprender algo tan inmenso y serio como la «cosmovisión» de los griegos antiguos?

No tiremos la toalla. No apartemos todavía el diccionario. Busquemos una entrada que no presente dificultades. La entrada del adjetivo «verde», por ejemplo. Su «verde» debería ser más o menos equivalente a nuestro «verde», pero la cosa no está clara. Los griegos dicen que la miel es verde, el rocío es verde, el miedo es verde, la sangre y las lágrimas son verdes. «Verde» es un conjunto de cualidades de las que el color es un aspecto o una manifestación. En la textura de la miel, en la frescura de lo que brota, en la humedad de lo que nace, en la efervescencia de todo lo vivo se percibe el verde. Los colores de los griegos no están en nuestra carta de colores. No son colores fuera de contexto ni tramos en la longitud de onda de la luz. Son los colores de algo en cierto contexto: el tono verde de un prado en primavera y de la madera húmeda; el matiz grisáceo de unos ojos de lechuza; la blancura de un rayo en la tormenta. Homero dice que el mar es de color vino, pero el epíteto no solo denota una coloración, sino que pone en juego un conjunto de cualidades y emociones que –al menos para los griegos– están íntimamente vinculadas: tanto en el mar como en el vino se esconden potencias misteriosas e inquietantes, fuerzas que producen inestabilidad, zozobra y peligro. Otras veces el mar es púrpura, el color de ese tinte valioso que se obtiene del *murex*; pero no solo es púrpura por su apariencia física, sino porque se agita y se levanta y se revuelve embravecido. También la muerte es púrpura, ¿quizá por lo imponente, por lo sangriento, por lo oscuro? No lo sabemos, son especulaciones. Tampoco de los colores de los griegos hemos sido capaces de encontrar un equivalente adecuado en nuestra lengua. Así que guardemos el diccionario y vayamos a los poemas.

Un guerrero se enfada: sus pulmones se ennegrecen al llenarse de furia, los ojos le resplandecen como el fuego. La furia de Agamenón al comienzo de la Ilíada no es un estado mental, sino una substancia concreta que ocupa y oscurece su cavidad torácica. Tampoco la belleza es un concepto abstracto, sino una especie de líquido que la diosa derrama sobre la cabeza de Odiseo a fin de que su aspecto luzca y su prestancia aumente. Amanece: una diosa se alza. Llueven gotas de sangre: Zeus llora. En la playa se oye un grito espantoso: son las hijas del mar lamentando la muerte de Aquiles. Hera va en busca de sueño para negociar el adormecimiento de Zeus, el lúcido, el despierto, el vigilante; sueño, naturalmente, expone sus reservas. Tierra comparte cama con cielo: es la aquiescencia inaugural, de larguísima sombra, de la madre más prolífica de todas. Zeus ha devorado a Metis, la sagacidad, la inteligencia: se prepara el nacimiento de la diosa de mirada penetrante y luminosa. ¿Qué son estos relatos? ¿Son fisiología o psicología? ¿Son cosmología o teología? ¿Son solo lenguaje «mítico»? ¿Son «solo» poesía?

La palabra *theós* –así nos lo explican a veces– tiene valor predicativo. Un griego dice *guerra es dios, hambre es dios, amor es dios.* Noche y día son divinidades. Un río no es solo un río: es el dios que impulsa el crecimiento de los jóvenes, o el agua impetuosa y cristalina cuya belleza enamora a una muchacha. Un bosque no es solo un bosque: es el padre de un grupo de ninfas. Colocar algo «sobre Hefesto» es poner algo al fuego. Al abrir la tierra para sembrar y cosechar, los hombres hieren a una diosa muy venerable y anciana. Dos águilas planean en el cielo: Zeus comunica algún mensaje. Las aguas se resisten a los abrazos de un hombre: Tetis lucha y se defiende de Peleo. Pero no solo lo que para nosotros son casualidades, fenómenos meteorológicos, accidentes geográficos o procesos biológicos tienen entre los griegos estatuto divino; también los estados psíquicos y los acontecimientos más diversos son o están relacionados con los dioses. Terror y muerte son figuras que se abren paso a través del campo de batalla. La memoria no es solo una «facultad cognitiva», sino también la madre de unas diosas que celebran lo presente y lo ausente: las musas. Incluso la vergüenza y la censura, para nosotros reacciones morales, tienen una vida y una historia propias.

Parece que en ese mundo que habitaron los griegos nada de lo que vemos y nada de lo que sentimos es irrelevante. Todo importa, todo «es dios». Pero algo importa y «es dios» no por razones religiosas, sino por ser pura y simplemente lo que es. Decir de algo que «es sacro» o «es dios» no es sino una manera muy fina –muy refinada y perspicaz– de reconocer su enigma y su misterio, su encanto y su importancia. Gea no es importante por ser la diosa de la tierra, sino por ser la tierra misma que se pisa. La ninfa no es la diosa del árbol; es el árbol mismo que el leñador tala en el bosque. Aquiles no lucha con el dios del río, sino con el propio torrente de agua. Al decir «dios de...» se genera la impresión de que la cosa y el dios pertenecen a dos planos distintos que la «mente primitiva» no separa porque todavía piensa de forma «mágica» y «mística». Esto no es verdad. Es verdad que nos choca muchísimo, pero lo entendamos o no lo entendamos, la tierra es diosa sin ser nada más –y nada menos– que la tierra que está bajo los pies. Es cierto que «Zeus llueve», «Zeus truena» y otras expresiones similares desafían los límites de nuestra comprensión, pero no son extravagancias mentales ni cuentos de hadas; son las señales de que estamos ante una «cosmovisión» que no categoriza la experiencia como nosotros la categorizamos. Que el sol sea un dios implica que los movimientos de los astros no son algo mecánico o puramente físico. Que un río pueda ser el padre de una estirpe humana pone en cuestión la frontera entre la naturaleza y la cultura. Que un delito pueda limpiarse con agua como cualquier mancha se comprende desde un horizonte de pensamiento que no separa estrictamente lo físico de lo moral y lo social.

Los antropólogos del siglo xix acuñaron el concepto «animismo» para caracterizar de alguna manera estructuras culturales que no encajaban con la suya. El concepto se introdujo en los estudios de filosofía antigua por los mismos motivos. No es una gran solución, pero la rareza de la palabra tiene la virtud de funcionar como un signo de advertencia. Cuidado, esto es territorio extranjero; los dioses están por todas partes; la naturaleza está viva; alberga intenciones y deseos; muestra ora enemistad, ora benevolencia, lo cual resulta irreconciliable con nuestro modo de ver las cosas. La «cosmovisión» griega es un enigma. Los griegos son «los otros».

La palabra «mitología» corresponde al verbo *muthologeúo*: contar una historia, relatar un relato. La palabra aparece por primera vez en la Odisea. Odiseo ha relatado los varios episodios de su retorno a lo largo de muchos versos. Al final dice algo así como: *¿por qué decir el relato acerca de esto?* Se refiere a su estancia con Calipso, de la que su auditorio está advertido, por lo que no procede contarla de nuevo. ¿Qué les ha contado Odiseo a los feacios? Les ha contado cómo sus naves llegaron hasta la tierra de los cíclopes, enormes seres ilegales, y cómo el héroe pequeño pero astuto derrotó al monstruo fuerte pero estúpido. *Y luego navegamos a la isla siempre móvil de los vientos, y al país de los devoradores de carne humana, que habitan donde el día se junta estrechamente con la noche. Y mis naves navegaron hasta la isla de Circe, que cantaba con las hijas de las fuentes y de los bosques y de los ríos. Y me acerqué al reino de los muertos; sus fantasmas chillaban como pájaros estremecidos. Y reconocí a mi madre muerta y no pude abrazarla y así aprendí que los muertos no son más que sombra y sueño. Y hablé con Aquiles y no pude hablar con Áyax; y vi a las mujeres famosas, las esposas y las madres de los héroes; y oí a las sirenas, y hui de Escila y de Caribdis; y vi los rebaños del sol hasta que fui arrastrado completamente solo a la isla de Calipso.*

El gran relato de Odiseo es una antología de los famosos relatos acerca de figuras que los propios relatos han hecho famosas. Y no es casualidad que el resumen en este resumen –la antología dentro de la antología– se encuentre en medio de esos *vi y vi y vi* que puntean buena parte de la presentación del descenso al Hades. Esto es la «mitología»: los muchos relatos con los que los oyentes griegos estaban familiarizados, las mil historias que los espectadores de tragedias y comedias tenían todavía en sus oídos. No son fábulas. Sus protagonistas nada tienen que ver con la Flor Roja y la Bruja de Mar de los cuentos de Kipling. Son historias, sencillamente. Son relatos multiformes acerca de cosas que los griegos veían y que nosotros ya no vemos. Porque tampoco una historia es solo una historia en la Grecia antigua. La poesía no es pura literatura ni se ha desligado de la verdad, ni de la educación, ni del conocimiento, por eso se nos resiste la figura del poeta griego, porque nunca es un poeta, sino un sabio en el más amplio sentido. Solón de Atenas, uno de los así llamados «siete sabios», es poeta y es político: ha escrito yambos, elegías y leyes. Heródoto dice que por amor a la visión (*theoríe*) peregrinaba «filosofando», por lo que quizá debamos considerarlo también filósofo. Otros nombres se incluyeron en este grupo selecto. Dejemos la última palabra al primero de los siete: Tales de Mileto.

La situación es de nuevo muy precaria. No tenemos las palabras de Tales, solo informes de segunda mano y un puñado de conjeturas. Aristóteles dice que algunos dicen que Tales tal vez habría pensado que el «comienzo de todas las cosas» es «agua». La semántica de los colores de los griegos nos condujo a territorios que no estaban en nuestra carta de colores –la vitalidad de la madera, la bravura del mar, el misterio de la muerte–, ¿adónde nos conduce el agua?

Aristóteles –griego tardío, pero todavía griego– ofrece una aclaración sencilla: si hay agua, hay vida. El agua vivifica y fertiliza, renueva el vigor y la frescura. Donde hay humedad, hay un germen de vida. Ni los colores ni el agua de los griegos se reducen a fórmulas físico-químicas. Agua no es $H2O$. Es la escarcha de la mañana, es la lluvia del cielo que nutre el suelo, es la fuente que mana de la tierra, es el jugo que rezuma del tallo de una planta, es la marea que crece y decrece, es el caudal de un río que corre presuroso y se desborda y fecunda los campos. La humedad y la movilidad son a la vida lo que la sequedad y la rigidez son a la muerte. «Principio de todas las cosas» es «agua» no porque las cosas hayan surgido del agua o no sean en el fondo nada más que agua, sino porque en todas las cosas se percibe esa fuerza íntima que hace nacer, crecer y vivir que los griegos llamaron *phúsis* y que muy probablemente oían también en la palabra «agua». Por eso «agua» se presta a la operación de nombrar, aunque sea provisionalmente, no lo que nace, sino el principio del nacer; no lo que crece y vive, sino el crecer y vivir mismos. Que no estamos ante ningún reduccionista en ciernes, sino ante unos auténticos ojos griegos, lo confirma de nuevo Aristóteles, quien, sin esconder su inseguridad, transmite dos presuntas afirmaciones de Tales cuya relación con lo expuesto salta a la vista: *la piedra imán tiene vida* y *todo está lleno de dioses.*

Contra la nostalgia

En 1819 Benjamin Constant pronuncia en el Ateneo de París su célebre conferencia *La libertad de los antiguos comparada con la de los modernos.* ¿A qué venía hablar de los antiguos a un auditorio que estaba a punto de leer las novelas de Balzac y que vivía nada menos que en París, la capital de la modernidad?

Constant defendía el proyecto de la Revolución francesa, es decir, la libertad y la igualdad universales, pero para hacerlo con solvencia debía exponer las causas de los errores cometidos durante ese período conocido como el Terror. Entre ellas se contaba el anhelo clasicista de resucitar la grandeza antigua y huir de la banalidad moderna. George Büchner lo ridiculizó en *La muerte de Danton.* Constant lo proscribe al analizar las diferencias que separan indefectiblemente los mundos antiguos del mundo moderno.

Los antiguos eran «esclavos en todas sus relaciones privadas». El ciudadano formaba parte de su comunidad como las manos o los pies forman parte de un mismo cuerpo vivo. Sin vida independiente, las personas tenían derechos solo en calidad de miembros de un único organismo. En la Grecia invocada por los revolucionarios, los individuos no eran sujetos de derechos y garantías ni podían disponer de sus vidas libremente, sino que eran células subordinadas a un mismo «cuerpo social». Sus movimientos y posturas estaban estereotipados. Sus ropajes exteriores estaban claramente diferenciados –la indumentaria uniforme es, en cambio, la máscara del individuo moderno, cuya idiosincrasia es tal que no puede expresarse de esa manera–. Su educación debía ser una y la misma. Las sendas vitales estaban trazadas de antemano. No tenían «voluntad individual», pues no comprendían la vida como un accidente puramente personal, sino como un gran espectáculo social. Esto explica que ciertas instituciones antiguas no puedan ni deban ser imitadas en la modernidad. La expulsión de un ciudadano por cierto período de tiempo en nombre de la salud pública o del bien común (el «ostracismo») no es ni debe ser reproducible entre nosotros. Tampoco la censura debe imitarse, ni la «severa vigilancia», ni la «intervención de la autoridad», ni la regulación de los menores detalles de la vida íntima (¡no había vida íntima!), pues es evidente que vulneran las libertades de movimiento, de conciencia y de expresión. En el derecho de cada uno de «expresar su opinión, de elegir su profesión y ejercerla, de disponer de su propiedad y hasta de malbaratarla; de ir y venir sin pedir permiso y sin tener que dar cuenta de motivos o afanes», en esto consiste nuestra libertad.

Constant menciona dos razones que explican la especificidad de la antigua forma de vida: los estrechos límites de sus ciudades y su dedicación a la guerra. Ambas cosas se comprenden a partir del concepto de comunidad, del que se sigue la diversidad de comunidades. Una comunidad termina donde empiezan las fronteras de otra, de ahí que el enfrentamiento resulte tan perpetuo como ineludible. Por otro lado, en un mundo tan pequeño como una *pólis* griega, la capacidad del ciudadano corriente de incidir en la vida pública todavía era una posibilidad real, lo cual no ocurre ya en el mundo moderno. ¿Qué pasa en el mundo moderno, donde no hay comunidades orgánicas, sino individuos independientes entre sí?

En la modernidad, las fronteras nacionales son más aparentes que reales; los hombres no son más que una multitud «homogénea en su naturaleza», de ahí que las guerras resulten brutales crímenes anacrónicos sin ningún sentido. Donde no hay auténticas fronteras, tampoco hay necesidad de guerra –la comunidad antigua, en cambio, luchaba por preservar su independencia y reafirmar su diferencia–, y lo que quiere la gente es paz, pues solo en una situación de paz florece esa actividad que constituye «el fin único, la tendencia universal, la verdadera vida de las naciones modernas»: el comercio.

El comercio estaba sometido a frenos y trabas en la Antigüedad. Constant dice que el comercio «inspira un vivo amor por la independencia individual» y «emancipa a los individuos». En *A Room of One's Own*, Virginia Woolf reclamaba que las mujeres tuviesen dinero en sus bolsillos y un cuarto de su propiedad a fin de enfrentarse individualmente con la «presencia de la realidad». Al obstaculizar el «progreso del comercio», la ciudad antigua frenaba la emancipación del individuo y se defendía como comunidad del riesgo de hacerse pedazos. Comercio implica además libre circulación de mercancías, lo cual impulsa la tendencia a la abolición de las fronteras y a la globalización, incompatibles con la idea de comunidad.

En un mundo cuya escala sería inimaginable para un griego antiguo no está claro que los individuos puedan participar en algo común, ni que puedan dejar su impronta en nada, como sí podía dejarla el ateniense antiguo. Cuando se está «perdido en la multitud» y, para bien y para mal, la voz individual lo importa todo y a la vez no importa demasiado, lo que se desea es disfrutar pacíficamente de la independencia privada. Si perdiese su libertad, el individuo, sencillamente, lo habría perdido todo.

El individuo lo perdió todo durante el Terror, pues olvidando que la libertad política moderna no es otra cosa que la garantía de las libertades individuales, el Estado francés quiso comportarse como esa comunidad orgánica que tenía sentido en los mundos antiguos, desde luego, pero cuya reproducción entre nosotros resultaría tan inaceptable como ese horrible mundo feliz que elucubró Aldous Huxley.

En la novena de las *Cartas escritas desde la montaña*, Rousseau les decía a los ginebrinos que lo habían desterrado de su ciudad natal: «Los pueblos antiguos no son ya un modelo para los modernos; les son extraños en todos los aspectos. Ustedes no son romanos ni espartanos, ni siquiera son atenienses. Ustedes son mercaderes, artesanos, burgueses, siempre atareados en sus intereses privados, su trabajo, su tráfico, su ganancia».

Constant podría haber dicho lo mismo, pero con una diferencia. Él parece aceptar sin acritud y sin añoranza la pérdida de esa energía y majestad que ya no tienen los modernos. Es cierto que la vida moderna es una vida trivial, sin acontecimientos heroicos, sin el entusiasmo o la emoción de los tiempos pasados, pero esta vida solitaria, privada, egoísta y anti-heroica tiene su propio suspense y su propia fascinación. Balzac se lo descubría al mundo en esos momentos.

Abandona el intento de escribir una tragedia moderna (no hay tragedia moderna) y da comienzo a *La Comedia humana*, conjunto de novelas que demuestran que no son las batallas ni las gestas lo interesante y lo dramático de la vida moderna. Son los contratos de matrimonio, las disputas legales por herencias, las turbias combinaciones de banqueros y políticos, la parcelación y mercantilización de la tierra, o las especulaciones sobre el suelo de las que nace la nueva gran ciudad, París, por ejemplo. «¡Porque los héroes de la Ilíada –eso escribió Baudelaire– no son sino pigmeos comparados con vosotros, Vautrin, Rastignac, Birotteau!».

FRANKENSTEIN, O LOS TRAUMAS DE LA CIENCIA

Un canto de Píndaro cuenta cómo un médico de origen divino burló mediante su conocimiento exacerbado todos los límites de la proporción y la decencia al resucitar a un hombre muerto. Victor Frankenstein, el personaje más aclamado de Mary Shelley, se ve arrastrado por la misma corriente transgresora hasta el punto de hacer realidad el viejo sueño de la alquimia: infundir vida a la materia muerta. El físico moderno produce una execración, pero esta no es más que su propio reflejo.

Frankenstein se alejó de su familia y se encerró durante años en esa celda de aislamiento llamada «laboratorio». Olvidado de sus amigos (no escribe a sus parientes), olvidado incluso de su propia naturaleza (no come ni duerme, no se distrae ni se relaja), empujado por un delirio frenético y una pulsión obsesiva, el químico moderno logra superar las metas de los antiguos alquimistas. En la soledad del laboratorio cobra vida un gigante condenado a la soledad perpetua. Sin parentesco con nada ni lazos con nadie, esta criatura desclasificada quizá resulte apta para vivir en las montañas heladas y en las cumbres desérticas, pero no en los valles que habitan las personas.

Parece una hazaña que la ciencia produzca vida a partir de lo muerto, pero es claro que también es un paso más hacia el sometimiento total de la naturaleza a los designios humanos. ¿Es deseable ese progreso? ¿Es lícita esa omisión? En el mismo instante en que la materia inerte revive con éxito, Frankenstein huye aterrado de su laboratorio. Ni siquiera él puede dejar de aborrecer el resultado de la violación de las últimas fronteras, y a partir de aquí la novela muestra a lo grande en qué sentido la victoria del científico es a la vez la derrota del hombre.

Empieza la soberbia descripción del colapso nervioso de Frankenstein, un trastorno depresivo mayor del que no habrá vuelta atrás. Shelley utiliza expresiones tales que «melancolía», «desconsuelo», «fiebres nerviosas», «crisis de desesperación» o «ataques de ansiedad». Se trata de un diagnóstico muy preciso de esa rotura interior que el siglo XX llamó *Shell shock* y que hoy solemos llamar «trastorno de estrés postraumático».

Frankenstein no soporta oír las palabras «filosofía natural» sin sentir náuseas. Le asquea la charla de sus profesores de química. No puede pisar su laboratorio sin repugnancia. No ve nada ni siente nada –es la mirada de las mil yardas que delata el hondo sufrimiento de los soldados traumatizados por las guerras–. En el canto griego, Asclepio y el hombre hurtado a los brazos de la muerte son detenidos y arrestados –muertos, calcinados– gracias a la intervención del garante divino del orden de las cosas, que es también la decencia y la proporción que las hace tolerables. El problema, quizá desgracia, del sabio moderno es que sus empresas conocen siempre el éxito, y su castigo es que no haya ningún castigo, lo cual es como decir ningún retorno a las distinciones que hacen la vida soportable. Frankenstein vive, pero solo para ver cómo todo lo que ama desaparece por su culpa. Mueren su hermano y su amigo, mueren su esposa y su padre. Son las víctimas de un exceso que produjo no la naturaleza, sino el hombre ignorando la naturaleza. Así que sigue adelante en calidad de hombre inerte y siempre en fuga. Huye a las soledades del Mont Blanc, a las islas casi desiertas de Escocia, a los océanos de hielo inexplorados del extremo norte. Donde no hay castigo, el castigo es tener que vivir una vida en ruinas, con el trauma y con la herida.

Hurgó en la tierra de un cementerio; profanó cadáveres; vio la labor de los gusanos corroyendo los ojos y los muslos de los jóvenes; se enterró junto a los muertos. Así fue recogiendo los materiales para crear su enorme criatura. Para encontrar el secreto de la vida, Victor Frankenstein, el brujo moderno, tuvo que explorar la muerte. Ya Heracles lo hizo.

Domesticó las aguas –divierte el curso de dos ríos cuando los ríos eran dioses–; sometió las tierras baldías a las formas y escalas humanas –Olimpia era una tierra sin traza y sin nombre–; venció al león de Nemea; asaltó a los pájaros del cielo; llegó a los confines del mundo conocido en busca de las manzanas doradas de las Hespérides, luces mortecinas del atardecer. Heracles vio lo que nadie ve, la muerte. Una vez completados estos trabajos, que son a la vez obras de control y disciplina de la naturaleza, Heracles quiere volver a casa. Pero el explorador, el combatiente, el ingeniero, el cazador, el dos veces muerto, retorna a Tebas solo para descubrir que no hay retorno ni es posible ya vivir. En un ataque de locura furiosa revive en su mente los horrores que ha visto y perpetrado, y creyéndose inmerso todavía en los afanes, Heracles asesina a su mujer y a sus hijos. Ahora sí ha terminado la carrera febril. Lo ha perdido todo. Ha arruinado su vida. Ha sobrepasado el límite de lo que un mortal puede soportar. El héroe que ha escrito sus proezas en el cielo vivirá, pero solo como un espectro o una sombra de sí mismo.

La novela de Mary Shelley sugiere que la ciencia debe someterse a los límites de la vida. En caso de incompatibilidad entre la vida y la ciencia, la vida debe prevalecer sobre la ciencia. El cristianismo llamó *curiositas* al deseo desmedido de saber, y la novela rescata la palabra de condena (*ardent curiosity, senseless curiosity*).

Se ha dicho que *Frankenstein* podría leerse como una obra de epistemología comparada, pues la ciencia moderna aparece junto a otros modos de conocimiento, fundamentalmente la poesía, que no solo no destruyen la vida, sino que la celebran y la perfeccionan. Comparar no deja de ser una forma de acotar, por lo que la novela ofrecería un ejercicio de crítica a la obliteración de la vida por la ciencia.

Su deseo de venganza conduce a Frankenstein al polo norte. Un barco lo salva de sucumbir en el peregrinaje suicida a través de los hielos persiguiendo a su criatura. Pero incluso en esta situación terminal, el hombre de ciencia continúa alentando las empresas sobrehumanas: «¡Les pido que sean superiores a los hombres!», les grita a los exploradores oceánicos cuando desean detener su viaje y poner rumbo al sur. La arenga heroica es ignorada. ¿Por qué? Porque la ciencia es un atrevimiento glorioso, desde luego, siempre que no olvide que solo los dioses tienen alas.

El relato de Frankenstein se encuentra enmarcado en la narración de Robert Walton, un navegante que investiga la soledad del

Ártico. A pesar de su anhelo de conocimiento, Walton no ha olvidado escribir cartas a su hermana, por lo que, aun en alta mar, permanece atado a la tierra. Esta sabiduría terrestre, compatible con los afectos, la fecundidad y la dicha, toma la palabra al final de la novela. Aquí descubrimos que el narrador no es solamente el transcriptor de una historia macabra, sino el oyente de una advertencia que desde el libro salta afuera. Los barcos de la ciencia deben poner rumbo al sur, es decir, al sol, la tierra y la casa. Desencallada por fin de los bloques de hielo, la embarcación de Walton emprende el camino a Inglaterra. Por su parte, la criatura apestada y prófuga, consecuencia de la brujería antisocial y demente de la química moderna, ha anunciado que ella misma suprimirá la abominación que ella misma es: prenderá el fuego de la pira que la reduzca a cenizas para siempre, pues de nada sirve un corazón artificial que no tiene una razón para vivir; de nada vale esquivar la muerte si no se le encuentra un sentido a la vida.

ROBINSON CRUSOE, O POR QUÉ ES TAN ODIOSO EL HOMBRE MODERNO

Robinson Crusoe es el hombre moderno en el pináculo de sus fuerzas. Lo sabemos porque no tiene un solo anhelo que no sea económico, ni existe en su mundo nada que no sean hechos; tampoco aparecen cosas que no se puedan utilizar como a uno mejor le convenga o le aproveche. Pero empecemos por el principio.

Robinson Crusoe no puede estarse en Inglaterra. Quizá esta inquietud le venga de su padre, un emigrante polaco –se aclara que el nombre «Crusoe» no es inglés, sino una deformación inglesa de un original eslavo–. De manera que, si en el fondo Crusoe no es Crusoe ni pertenece a York, ¿para qué quedarse? Su partida toma la forma de una decisión inaugural: hay que escoger entre la vida segura y próspera del hogar o la inseguridad y precariedad de lo desconocido. En realidad –pues el hogar no es el hogar ni Crusoe es Crusoe– la elección ya está tomada, y el joven inquieto se hace a la mar, aunque no llega a transformarse nunca en un auténtico marino –se insiste en que, si bien aprende los rudimentos de la navegación, no se hace navegante profesional; en realidad, Crusoe carece de oficio preciso a lo largo de la novela–.

Queda así definido el protagonista de Defoe: se trata de un hombre incapaz de quedarse en casa, pues quizá no la tenga; que no puede conformarse con una vida serena y segura hasta la vejez, pues algo lo impele a aventurarse siempre en lo desconocido. Desoye el consejo paterno, desoye la advertencia del capitán del navío en que se embarca la primera vez. Solo escucha su propia voz, y esta lo exhorta a no estarse jamás quieto, sino a partir siempre sin detenerse nunca. Da lo mismo que no tenga objetivos claros, a excepción del objetivo de no tener ningún objetivo prescrito, de no comprometerse con nada ni con nadie ni permanecer nunca en ningún sitio. Una vez que ha peregrinado un poco por el mar y lo exótico, Crusoe desembarca en Brasil, donde se establece un tiempo a raíz de un proyecto de explotación económica. Pero pronto el ansia de partir aflora de nuevo. Entonces su barco naufraga, y de ese naufragio sale el hombre moderno plenamente constituido, con sus marcas y atributos distintivos.

Es un hombre sin vínculos –Crusoe jamás recupera sus lazos familiares, ni parece importarle demasiado no recuperarlos; carece de amistades que no tengan un marcado carácter económico: todos son albaceas, tesoreros, esclavos o sirvientes–, por lo que el naufragio no hace más que ponerlo en el sitio que le corresponde: una isla desierta. Pero no nos confundamos. El énfasis no recae en la soledad, que es más bien un presupuesto, sino en la actitud de Crusoe una vez instalado (o no-instalado) en el aislamiento. Superados los miedos iniciales, Crusoe emprende una progresiva, obstinada y ambiciosa tarea de colonización. Toda su estancia en la isla está marcada por las diversas empresas económico-colonizadoras del náufrago aislado. Para Crusoe, habitar la isla significa domesticar la isla, dominarla, poseerla y defenderla de posibles enemigos –su deseo de protección es casi patológico–. Más moderno incluso es el hecho de que en una situación tan mísera y desesperada no se olvide de poner a salvo el dinero que ha rescatado del barco naufragado, aunque no le sirva de nada; ni pierda nunca de vista (¡en veintiocho años!) el cómputo del tiempo, ni renuncie (¡en una isla desierta!) a la idea de administrarlo de la manera más rentable posible. El tiempo de Crusoe es el tiempo calculable de la modernidad propietaria y dominadora. (Llamativo es también que Crusoe no se aburra nunca; el aburrimiento parece ser un fenómeno propio de la modernidad agonizante o tardía.)

Pero volvamos a la cuestión de la naturaleza. La relación de Crusoe con la naturaleza es exclusivamente una relación de explotación económica. No le perturba ni un poco el matar pájaros, cabras, gatos y tortugas –la masacre de los lobos en los Pirineos es el broche final de una carrera de destrucción gratuita de la naturaleza–. No se le pasa por la cabeza el problema de la deforestación, ni se pregunta qué consecuencias tendría la introducción de nuevos cultivos sobre el suelo aún fértil de la isla. Tampoco ha gastado ni un minuto de su –así lo parece– valiosísimo y escasísimo tiempo en contemplar la belleza de la propia isla –su admiración del valle donde construye su «casa de campo» se transforma rápidamente en una preocupación agrícola: los viñedos producen racimos que podrá secar fácilmente para obtener pasas, que no son solo alimento, sino alimento muy nutritivo–. No da muestras de echar de menos a nadie. Es verdad que a veces añora a los hombres, pero el sentimiento se refiere a la humanidad en general, nunca a personas concretas, autismo que resulta confirmado por el hecho de que su primera relación con un ser humano después de siglos de soledad no sea tanto una amistad como una relación amo-esclavo: Viernes es el salvaje convertido, esto es, destruido por Crusoe. (Pero decir «siglos de soledad» supone falsear la situación tal como la ve el propio Crusoe: son exactamente veintiocho años, ni uno más y ni uno menos.)

Dicho con pocas palabras: el personaje más famoso de Defoe pone a la luz los rasgos más odiosos del hombre moderno. Es odioso en la precisión de sus cálculos no menos que en su tosca superstición. En su habilidad ahorrativa (¡en el momento de marcharse aún le quedan botellas de ron!) resulta fastidioso. Su amor por el orden es casi maníaco. Es previsor hasta la náusea. Nos agota con su sentido de la realidad. Padece de una atrofia incurable para pensar o soñar. Pese a su tenacidad obsesiva, su destreza manual y sus conocimientos técnicos, Crusoe es un miope rematado que no ve nada de todo aquello que nosotros (queremos pensar) habríamos visto de habernos encontrado en su lugar. No ve el cielo ni la playa ni el mar, que para él es solo un enemigo, el elemento peligroso que hay que conocer y someter al cálculo como todo lo demás. No ve tampoco la muerte –los cadáveres de los salvajes no son más que posibles focos de infección–. Virginia Woolf lo dice (en *The Common Reader*): para Crusoe –es decir, para el hombre de la modernidad emergente– «no hay puestas de sol ni amaneceres; no hay soledad ni alma». No existe nada, excepto lo que se deja medir, pesar y calcular económicamente. El mundo de Crusoe está marcado por eso que hoy llamamos imperialismo eurocéntrico y racionalidad científica. (Es verdad que, en un momento de zozobra, Crusoe cuestiona el imperialismo, pero solo a modo de especulación intelectual excedente).

Si Odiseo hubiese naufragado en la isla de las cabras en lugar de Ogigia, tal vez habría actuado de modo parecido a Crusoe: cazaría cabras y construiría un barco, pero la actitud habría sido completamente distinta. En realidad, Crusoe no ha estado nunca fuera de esa isla ni puede tampoco abandonarla nunca: él es la isla y no se entiende sin la isla. ¿O acaso cambia algo cuando es liberado? ¿Acaso vemos al final a un hombre distinto al personaje aterradoramente económico que hemos conocido? El aislamiento, ¿es reinado o es cautiverio?

En la modernidad avanzada, por ejemplo en *Moby-Dick*, el panorama es muy diferente. El viaje marítimo sigue siendo un intento de fuga de la claustrofobia de la tierra, pero el aspecto mercantil del ballenero no es más que el pretexto para una travesía completamente antieconómica y desorbitada. A diferencia de Crusoe, el dinero no es nada para Ahab. Los salvajes del *Pequod* no son esclavos graciosos y rudimentarios, sino seres misteriosos e insondables. Tampoco Dios es ya el mismo –en Defoe, «Dios» es la providencia cuyo cálculo el hombre penosamente reconstruye–. Hacia el crepúsculo de la modernidad, el viaje comercial del hombre moderno, empujado inicialmente por una cordura fastidiosa, cuyo éxito se logra con medios que hoy nos parecen abominables, se ha transformado en la enorme empresa suicida de un hombre totalmente enloquecido.

Swift, o los límites de la razón moderna

Si bien en *Gulliver's Travels* encontramos de nuevo un «yo» que cuenta sus viajes en primera persona, como los contaba Robinson Crusoe, lo cierto es que esa voz narrativa es por completo distinta. Crusoe era incapaz de verse a sí mismo desde fuera; no reflexionaba, solo actuaba, y eso era lo que nos contaba con tanta precisión y detallismo: cuántos viajes pudo hacer hasta el barco encallado; cómo construyó la empalizada defensiva, qué hizo antes de esto y después de aquello, y en todo el relato apenas hay espacio para un comentario crítico. Crusoe no tiene espejo en que mirarse, por eso resulta tan odioso. Porque lo vemos pasearse por la isla a sus anchas, aquejado a veces de un pánico casi paranoide, pero en cualquier caso a sus anchas, sin escrúpulo alguno, pues no vacila en matar cuanta criatura viviente se le ponga a tiro ni en explotar una y otra cosa –también hombres– en su propio beneficio. También Gulliver rompe con Inglaterra, y por razones similares: quiere aumentar su patrimonio y siente una extraña inquietud aventurera que actúa en cierto modo a expensas de sí mismo, pues también él es al fin y al cabo un hombre moderno, por más que la naturaleza de sus viajes y de su relato sea muy distinta. (Nótese que la voz que narra en primera persona es el resultado de la manipulación de un tal Sympson, recurso que permite la doble sátira final). Si Crusoe era el amo indiscutible primero de su plantación y más tarde de su isla, Gulliver será el prisionero de unos y otros nativos, nativos que, por cierto, no son personas ordinarias, sino enanos, magos, gigantes o animales, a los que reconoce en cada caso como amos. Más interesante todavía es el hecho de que la estancia de Gulliver en un país perdido –pues esta vez el viaje conduce más allá del mapa de lo conocido– suponga siempre un nuevo aprendizaje en lugar de una aplicación de lo ya aprendido –no hay aquí espacio para el despliegue de la racionalidad económica de *Robinson Crusoe*–. Lo vemos ya en el problema de la lengua. Es evidente que a Crusoe no se le pasó jamás por la cabeza aprender la lengua del salvaje –solo desde su punto de vista «salvaje»– que adopta como esclavo en una isla que considera suya (Gulliver rechaza categóricamente la posibilidad de que Inglaterra colonice los lugares que ha visitado, y no por su irrealidad), mientras que el narrador de *Los viajes* está siempre dispuesto a aprender el punto de vista del otro, por lo tanto su lengua, a conciencia y sin escatimar esfuerzos. Y es aquí donde creemos tocar el meollo del asunto: a medida que avanza en sus viajes, Gulliver va ganando más y más distancia respecto a sí mismo, hasta el punto de que en el último episodio apenas hay acción, todo es confrontación reflexiva entre él mismo y lo otro.

En el primer viaje, el propio país es observado desde muy lejos. Ahí están los diminutos habitantes de Liliput, alardeando y contoneándose como si su reino fuese algo importantísimo, cuando un simple manotazo bastaría para exterminar sus cuerpos y destruir su corte. Ahí están, ejecutando sangrientas matanzas por controversias tan profundas como cuál es la manera correcta de cascar huevos, si por la parte larga o por la parte corta, y todo aquí es semejante a esas obras cómicas en las que el lugar lejano, disparatado y ridículo no es sino el lugar donde vivimos, solo que no nos damos cuenta. Esto, señoras y señores, es Inglaterra. Estos, señoras y señores, son los ingleses.

La lente de Liliput se transforma al llegar a Brobdingnag, país donde los hombres aparecen terriblemente aumentados, y sus defectos resultan bochornosos. Si los habitantes de Liliput confesaron no aguantar el olor que desprendía el cuerpo de Gulliver, Gulliver no soportará los efluvios de las enormes mujeres de la corte, ni la vista de sus senos sobredimensionados, ni los cráteres de su piel ni el estruendo de su voz. La crítica –¿o deberíamos decir condena?– gana explícita expresión en este momento, pues el juicioso rey de Brobdingnag, después de muchas conversaciones, termina comprendiendo, aunque de momento se trata solo de Inglaterra, su gobierno y sus instituciones: «Mi pequeño amigo Grildrig, has hecho de tu país el más admirable panegírico. Has demostrado claramente que la ignorancia, la holgazanería y el vicio son los ingredientes necesarios para capacitar al legislador. Que quienes mejor explican, interpretan y aplican las leyes son aquellos cuyos intereses y habilidades consisten en pervertirlas, confundirlas y eludirlas. Entre vosotros advierto algunos rasgos de una constitución que originariamente pudo haber sido tolerable, pero que están medio borrados, y el resto totalmente desdibujados y emborronados por la corrupción».

Inglaterra es Liliput, y el que ve desde muy lejos (el rey gigante) enuncia sus verdades sin tapujos. En cualquier caso, Gulliver aprende aquí no ya la pequeñez y la vanidad de lo semejante, sino su propia pequeñez y su propia vanidad, pues lo propio es visto desde ojos ajenos, lo cual no es solamente la manera de que lo propio se esclarezca, sino quizá también de que se vuelva soportable, pues Swift salva al hombre precisamente al condenarlo.

En el tercer viaje, tanto la topografía del país como los rasgos de sus habitantes son el producto constructivo del punto de vista distante. Pero ya no se trata de jugar con las distancias, sino de hacer caricatura. ¿De qué? Nada más y nada menos que de «la ciencia y la filosofía». Estamos quizá ante la más cómica de las aventuras de Gulliver. Mencionemos primero la topografía. Los sabios –músicos, matemáticos y astrónomos– habitan, como es obvio, no en la tierra sino en el aire. Laputa es una isla suspendida más allá del suelo, desconectada de la realidad, muy desconectada, demasiado desconectada, pues tan enfrascados están aquí los hombres en sus pensamientos sobre lunas y estrellas que lo que tienen alrededor les pasa totalmente desapercibido, por eso las casas están todas mal hechas y el aspecto de los hombres deja mucho que desear –los proyectistas de Lagano se parecen a los miembros del Frontisterio de *Las nubes*: pálidos, escuálidos y mal vestidos–. Más triste aún es que los sabios de Laputa no sepan hacer nada sin la ayuda de un sacudidor o despabilador, es decir, un asistente que les golpea a cada paso los oídos y les sacude los ojos para que perciban las demandas de la realidad inmediata y no solo la música de las esferas. En ninguna otra parte lo tienen más fácil las mujeres para engañar a sus maridos, y en ninguna otra parte se pierde más tiempo de vida por las cuestiones más remotas –¿colisionará un cometa con la tierra, aniquilándonos a todos?, ¿se agotará el sol por falta de alimento?–. Los laputanos adolecen de ese mal de la excesiva distancia que amenaza desde el interior de la ciencia y la filosofía, incapacitando a los sabios para la acción; es más, pervirtiendo y malgastando inútilmente los talentos y las facultades humanas, pues no solo es pretencioso sino estúpido intentar que los ciegos entiendan de colores y los pepinos produzcan luz solar. Pero en este viaje Gulliver aprende otras cosas importantes, corrigiendo así algunas de las vanas aspiraciones humanas –en Luggnagg, el deseo de inmortalidad–, y bajando en cierto modo a los infiernos en el país de los magos Glubbdubdrib.

En el último viaje, los hombres son yahoos porque los caballos son el punto de vista que se asume como obvio. Los yahoos son la ambición, la vanidad, la falta de escrúpulos, la depravación y la mentira. El mal, que desde el punto de vista de un houyhnhnm resulta inconcebible por incompatible con la racionalidad –para ellos saber lo correcto implica hacer lo correcto–, condena a los yahoos a la vida que tienen, esa vida miserable que ha sido examinada en los viajes anteriores. No permanecerá el narrador en el país de los houyhnhnms, pero la larga estancia entre ellos, la inmersión en su lengua y sus modales, la adquisición de la perspectiva radicalmente otra de estas criaturas íntegras y veraces, así como el viaje mismo y todas las aventuras, hacen que, finalmente, Gulliver sea capaz de verse a sí mismo desde fuera, reconociéndose en la imagen del espejo como el yahoo que es muy a su pesar, condenado a vivir entre otros yahoos, aprendiendo a amar su propia miseria, pudiendo intentar, por eso mismo y como mucho, corregirse y enmendarse *a sí mismo*, que no a la humanidad, pretensión que se descarta por su futilidad y su hipocresía.

Gulliver's Travels tiene mucho del cuento de las edades cuya degeneración progresiva explica los rasgos del tiempo actual. Lo que lo convierte en un genuino cuento moderno es que en el estudio de las causas de la corrupción presente lo que se descubre no es la caída desde un momento en que la pasión era esclava de la razón, sino más bien los límites de la razón misma, pues si el paraíso racional de los caballos era también un paraíso moral, en la Europa a la que el protagonista es expulsado la razón está presente, casi omnipresente, pero es enteramente incapaz de erradicar la malicia y de corregir el vicio –las guerras y los asesinatos son asuntos perfectamente racionales–, lo cual, desde el punto de vista de un houyhnhnm, resulta mucho peor que la brutalidad pura y dura de los yahoos de su país, pues esta al fin y al cabo es inocente, mientras que los yahoos de Inglaterra son responsables de sus abominaciones. Lo que escandaliza al houyhnhnm no es la maldad irracional de sus yahoos, sino la razón puesta al servicio de la maldad, fenómeno del que Gulliver le da sobrada cuenta.

LAS MUJERES DE DEFOE

Si la economía es una esfera independiente que obedece sus propias leyes y estas nada tienen que ver con la cuestión del bien y el mal; si uno tiene que escoger entre salir adelante o comportarse de forma virtuosa, tal como Inglaterra tiene que escoger entre ser una nación de santos y mendigos o una de ricos y criminales; si la conciencia es un obstáculo para la supervivencia; si los excesos que nos cierran las puertas del cielo nos abren las arcas del estado; si nuestras inmoralidades nos llenan los bolsillos; si de los vicios privados nace la riqueza pública; si, en definitiva, uno tiene que elegir entre la moral y la economía, entre la virtud y la vida, yo –dice Roxana, dice Moll Flanders– elijo la vida.

Hay en las novelas de Defoe una incompatibilidad de fondo entre ser bueno y ser rico, una conexión estructural entre el crimen y la riqueza, pues si Inglaterra abandonase el comercio de esclavos por motivos morales, las plantaciones de Virginia simplemente quebrarían; y si se negase a vender a los hombres los artículos con los que satisfacen a diario su infinita vanidad –chocolates, licores, vinos, sedas, cigarrillos–, no sería en ningún caso la próspera nación de comerciantes que pretende ser en efecto. Así de sencillo: la moral es un asunto que nada tiene que ver con la economía, incluso resulta un impedimento para la acumulación de capital, pues, nos pongamos como nos pongamos, desaprobemos en privado el comercio con los negros o nos resulte este punto del todo indiferente –y no olvidemos que el hombre que aprueba la esclavitud por razones económicas es el mismo que la reprueba por razones morales, sin otra esquizofrenia que la de la época–, lo cierto es que nuestra riqueza pública se fundamenta en los crímenes que cometemos en privado, y si los habitantes de Inglaterra se convirtiesen de pronto en hombres y mujeres virtuosos y, de manera totalmente inesperada, empezasen a actuar según conciencia en lugar de hacerlo según ganancia, la economía inglesa se iría pronto a pique. Que la honradez es un lujo que no está al alcance de cualquiera, que la riqueza no es compatible con la virtud, que en la emergente sociedad capitalista uno tiene que venderse de uno u otro modo para sobrevivir, esta es la realidad que *Moll Flanders* y *Roxana* exponen abiertamente, sin maquillaje y sin florituras.

El dinero, su presencia o su falta, es el auténtico motor de las novelas. En *Roxana* el primer amor –el único amor– se quita pronto de en medio porque pone en peligro lo que más importa: el bienestar económico de la protagonista. A partir de ahí todos los asuntos de Roxana se reducen a cuestiones de dinero. La relación con sus hijos es un problema de manutención, no de afecto materno; los hombres que aparecen y desaparecen de su vida no son los objetos de su amor, sino las piedras en las que se apoya para cruzar el río, los medios que necesita para pisar seguro, nada más que eso. Incluso sus discursos políticos a favor de la libertad de las mujeres y contra el matrimonio no son sino una estrategia para mantenerse dueña y señora de la fortuna adquirida. Y si más tarde se arrepiente de haber dejado escapar la oportunidad de casarse con el mercader de Holanda, esto obedece de nuevo a su cálculo económico-político, pues si quiere al mercader por marido no es porque lo ame, sino porque el enlace estabilizaría su fortuna y le daría una apariencia respetable, además de procurarle algún título que otro, limpiando así la sucia cocina donde ha cocinado su fortuna y poniendo el broche final a su carrera. No hay más o menos amor, sino mayor o menor ganancia; lo importante no es el hombre al que yo amo, sino el hombre que va a granjearme mayores beneficios.

Roxana es una mujer que tiene su propia vida entre las manos. No tiene amigos, ni familia, ni consejeros con los que contar, ni confidentes de los que fiarse, está sola en el mundo. No tiene ataduras.

No tiene patria –no es ni inglesa ni francesa– ni vivienda fija. Ni siquiera tiene un nombre propio –«Roxana» es el exótico apodo que le ponen en la cumbre de su libertinaje–. Ha viajado mucho. Se muda constantemente. Carece de vínculos sólidos. No tiene más peso sobre sus hombros que un primer marido idiota que pronto deja de molestarla, pues en la Europa en la que vive todavía es posible perder de vista para siempre a las personas (el mundo es grande y amplio todavía; una puede desaparecer y reinventarse a sí misma en multitud de sitios, por ejemplo en las colonias). No en vano, una de las primeras cosas que hace en la novela es desembarazarse de sus hijos. Roxana es una «madre desnaturalizada» por lo mismo que es una mujer libre –resulta notable que la definitiva solvencia económica le llegue a una edad en que ya no puede tener hijos–. La libertad de Roxana es robinsoniana y capitalista, pues se basa en su fortuna, y su fortuna tiene origen en lo que ella misma considera su vicio y su crimen, a los que llega, así lo dice siempre, huyendo del demonio más terrible, la pobreza. La virtud se le ha perdido en el camino hacia la prosperidad económica, que ha adquirido comerciando con la única mercancía a su disposición. Roxana no explota una isla desierta, sino la belleza de su cuerpo, pero los medios que utiliza son los mismos en esencia: su inteligencia, su ingenio, su enorme habilidad para sacar partido de cada circunstancia. Este es el billete para viajar de la miseria a la riqueza, y las heroínas de Defoe no dejarán de utilizarlo.

Se trata, por lo demás, de riqueza en el sentido más novedoso de la palabra: en lugar de bienes raíces, Roxana adquiere oro, plata, dinero en metálico y acciones. Su relación con las cosas es la del propietario con sus mercancías: no hay joya o vestido de los que desconozca el precio exacto; las palabras que más se repiten en la novela son guineas y *pistoles*; la cuestión de quién es Roxana se reduce ni más ni menos que a cuánto dinero tiene Roxana en el bolsillo –o en el banco, o en cédulas de cambio–, y así lo sabe ella perfectamente bien, sobre todo cuando su belleza ya declina, que es también el momento de buscar estabilidad en sus circunstancias y de ponerse a escribir sus memorias; escribir libremente, sinceramente, tema que da mucho que pensar y sobre el que habría mucho que decir, pues si sabemos que la virtud era, tanto para Moll como para Roxana, un obstáculo para escapar de la miseria; si estamos enterados de que sus riquezas proceden de la prostitución, el engaño, el latrocinio y el crimen, es porque ellas mismas nos lo dicen con llaneza. Las mujeres de Defoe podrán ser transgresoras y malvadas, aprovechadas y embaucadoras; ladronas, prostitutas, madres desnaturalizadas y negociantes sin escrúpulos, pero nadie puede reprocharles –ahí están las novelas– que no sean sinceras con nosotros. Son sinceras. Nos dicen que su seguridad actual la compraron con dinero, y que el dinero lo ganaron gracias a sus muchas perversiones. No disimulan lo que son. No conocen otra penitencia que el estar a solas con sus crímenes, a solas con su verdad infernal, y lo que más se parece al arrepentimiento, pero sin serlo en ningún caso, es precisamente la voluntad de contarlo todo con la mayor exactitud posible.

Porque seamos honestos. Arrepentirse ni cambia nada ni tiene ningún mérito. Quien se arrepiente cuando ya tiene un pie en la tumba, quien reniega de sus crímenes cuando ya no puede o ya no necesita cometerlos, quien predica virtud por las mañanas y peca por las noches, quien se complace a sí mismo sermoneando a otros, quien dice sentirlo mucho, pero no está dispuesto a reparar nada, es un impostor, un hipócrita, un fariseo. Moll Flanders confiesa que no se arrepiente en absoluto de su crimen, sino de que la hayan cogido. Roxana dice sin rodeos que sin dinero no hay amor, y donde la gente dice «cariño» se esconden determinadas operaciones económicas –el niño de Moll recibirá más o menos afecto según la cantidad de dinero que su madre desembolse–. Y son admirables porque se juzgan a sí mismas y reconocen su bajeza; son grandes porque no se permiten el consuelo de las arrepentidas ni se justifican ante nadie, pues saben de sobra que harían lo mismo en caso de encontrarse de nuevo en las mismas circunstancias. Uno no puede arrepentirse con sinceridad de haber hecho eso que lo condujo adonde está, ni renegar de todo aquello abominable que le permitió sobrevivir sin caer en la hipocresía. De modo que, si desaprobamos a Roxana, si censuramos su conducta, es porque tenemos en mente alguna alternativa. ¿Y qué aprobaríamos a cambio? ¿Una miseria virtuosa? ¿Estaríamos más satisfechos con una Roxana pobre y llena de hijos? ¿Elogiaríamos acaso la desgracia de la madre y los niños sin recursos económicos?

El mérito de las mujeres perversas de Defoe consiste en que no se hacen ilusiones respecto a lo que son ni han olvidado lo que han sido. Por eso merecen nuestro respeto: porque son sinceras consigo mismas, porque tienen el coraje de confrontar lo que son, porque no hay rastro de mala fe en sus historias. Y si salen mal paradas, si el

ejercicio de autoenjuiciamiento pone en evidencia los sórdidos detalles de las abominaciones cometidas, esto no les quita mérito, mientras
que el arrepentimiento tardío no solo sería una solución fácil y barata,
sino que impediría decir la historia, impediría escribir la novela.

Dos cosas más. Allí donde el mercado constituye una esfera autónoma, la conciencia moral no es que no tenga sentido, sino que
constituye por su parte una esfera con su propia validez. Defoe
denuncia en sus escritos que en nombre de la moral se pongan restricciones al comercio, pues siendo este el estado de cosas y resultando,
como resulta, que las medidas legales son del todo impotentes para
reformar a las personas —la moralidad se debate en un terreno en el
que la ley jamás podrá poner su mano—, restricciones de esta naturaleza no solo no logran su objetivo, sino que arruinan además la
economía. Son los propios hombres los que resultan vanos, viles,
venales, vanidosos y viciosos; el mercado solo se aprovecha de esta
circunstancia como de cualquier otra. Ni las objeciones morales
tienen fuerza en el campo de lo económico, ni las medidas legales
tienen fuerza en el campo de lo moral, pues cada esfera es un mundo
que gira por separado. Y puestos a examinar a fondo cómo son las
cosas en la modernidad emergente, los razonamientos que Roxana
va improvisando en la cama de su amante en contra del matrimonio, que hace de la esposa una criada, y en contra de la familia, que
no es hogar sino mazmorra, son tanto más urgentes cuanto menos
obtienen respuesta, pues las objeciones del amante no son objeciones, sino la voz del «así ha sido siempre y así tiene que ser», de
modo que todo eso que Roxana expone a propósito de nuevas ama-
zonas, mujeres ricas que no quieren —no necesitan— casarse con los
hombres, se descarta no porque sea ilegítimo, sino porque es revolucionario, porque haría saltar por los aires el *statu quo*.

POR QUÉ SE COMPRA VIDA CON LA MUERTE

En *La piel de zapa* Balzac dice que la vida es deseo y que el deseo se compra con la muerte. Así las cosas, solo tenemos dos opciones: o vivimos una vida tranquila pero inerte y dejamos que el manjar se vaya pudriendo lentamente ante nosotros, o deseamos, amamos y vamos gastando con mayor o menor premura esa piel de zapa –piel de vida– que a todos nos entregan al nacer. Habremos usado la piel. Habremos degustado el banquete exquisito, si bien al precio de la propia muerte. *O ardemos o nos pudrimos. La vida si no arde no es nada.*

El anciano sepultado en su tienda de tesoros antiguos es para el joven Raphäel un segundo Mefistófeles. Mi longevidad –explicase basa en la frugalidad, la moderación y la renuncia; la renuncia a esos deseos y placeres que consumen las vidas de los hombres con la velocidad del rayo. Aquí está la piel de zapa, tan extraña que no he osado tocarla todavía. Ella es capaz de hacer realidad los deseos, pero disminuye de tamaño con cada deseo cumplido, hasta quedar reducida a nada, extinguiéndose entonces la vida de su dueño. Tú has llegado a mí como el suicida que espera la medianoche para consumar su acto fatal. Tú podrías adueñarte de la piel, pues nada perderías. Esta es la lección del anticuario, el profeta de la larga vida, quien cae en cuenta demasiado tarde tanto del error de su filosofía como del absurdo de su longevidad. Reaparece en medio de las luces de París abrazado a la cintura de una joven cortesana cuando ya es tarde y hacerlo resulta bochornoso –ha descubierto que el pastel yacía intacto ante sus ojos y quiere comerlo cuando ya está podrido–. Una hora de amor vale más que cien años vegetando junto a una chimenea. Un deseo cumplido vale exactamente el centímetro de piel que le corresponde. Así son las cosas: no hay piel que no se gaste antes o después. No hay ningún elixir de la vida eterna. Tampoco hay manjar que no se corrompa con el tiempo. Por eso la novela arranca de una alternativa: Raphaël quiere matarse, y la novela empieza cuando la piel cae en sus manos. No se arrojará al Sena. No se pegará el tiro en la sien. Vivirá, pero el dilema no es otro que la vida misma. Los anhelos, las inquietudes, los pálpitos acelerados de la vida, siempre son letales. El corazón se gasta con cada latido, y el problema que plantea la novela radica en que, en nombre de la vida, Raphaël renunciará a la vida, lo cual no deja de ser una cobardía y una estupidez.

La piel de zapa critica las pretensiones de la ciencia de explicar el secreto inexplicable de la vida. Raphaël se ha pasado varios años encerrado en una triste buhardilla para terminar de escribir su *Tratado sobre la Voluntad*. Pero sus conocimientos exhaustivos sobre el tema no lo capacitan en absoluto para lidiar con los dos grandes vectores de la vida humana: la voluntad y el deseo, el «quiero» y el «puedo». Los naturalistas, los químicos, los sabios, los filósofos, todos fracasan ante la piel. No pueden descifrarla, no pueden agrandarla, no pueden reducirla. Dios o el Demonio protegen el secreto de esa piel. Podremos buscarle un nombre nuevo, especular sobre sus orígenes, su composición y su comportamiento ante la aplicación de fuerzas; siempre esquivará nuestros empeños por explicarla, dominarla o –lo que es lo mismo– conocerla. La vida es irreductible, indescifrable, se escapa al conocimiento. La vida –el deseo y la muerte– silencia a los médicos más doctos de París, que han abandonado despachos y hospitales para presentarse inútilmente en el palacio del millonario enfermo. Todo el lujo adquirido está destinado a mostrar mejor el contraste: Raphaël lo tenía todo y no supo o no pudo hacer nada. Al contrario, hizo de París un sepulcro y del palacio una tumba en que yacer esperando la muerte. Y muere, en efecto, agarrado a eso que ha dejado escapar y ha despreciado: el cuerpo semidesnudo de Pauline, el manantial de la doncella, la imagen más elocuente de la obra.

La vida consiste en deseo y los deseos se cumplen con el desgaste de la vida. Hay que saber gastar la vida. Todos nuestros actos la desgastan. Pretender conservarla en un frasco de cristal no es vivir. Evadirse de la vida no es vivir. Quien por miedo al desgaste construye un muro entre sí mismo y el mundo que nos gasta quizá prolongue su existencia hasta los cien años, pero, en todo caso, no habrá vivido, se habrá mineralizado. Y este es el disparate: ¿renunciar a la vida para conservar la vida? Así lo comprende finalmente el anciano de la tienda de antigüedades. Así lo dice Balzac, que pone el misterio de la vida por encima de las verdades de la ciencia.

Como otras novelas del autor, *La piel de zapa* es un cuadro médico de la sociedad francesa. Fedora, la condesa plebeya, pasea una figura huera y bien vestida por los palcos de París; va recogiendo ávidamente los envoltorios más inocuos del amor sin jamás rendirse a él, pues también el amor exige de nosotros que perdamos y pongamos algo en juego, y si Fedora exclama «¡Dios mío!» antes de acostarse por las noches sobre su colchón de plumas, lo cierto es que no está pensando en ninguno de los goces o los dramas del amor, sino en las variaciones del interés de sus elevadas rentas. La futilidad de una sociedad basada en el egoísmo y en el dinero se resume en esta mujer que está hecha para el amor, pero no es capaz de amar. La belleza de Fedora es un adorno frío, pues carece de simpatía y de corazón. Es la capacidad de amar a otras personas lo que hace crecer en nosotros esas cualidades que funcionan como contrapeso a la perpetua búsqueda del propio interés, y Fedora –lo hemos dicho– no es capaz de amar.

Quizás esto sea lo más inteligente que cabe hacer en el mundo moderno. Tal vez esas virtudes que Fedora no posee les cuesten a otros la vida, pues nadie duda de que la sensibilidad que nos permite mostrar justicia o compasión también puede matarnos con el tiempo –ahí está el primo Pons, enterrado en un cementerio porque su familia le ha partido el corazón–. También el amor nos cuesta a veces la salud y la vida –en *La prima Bette,* el rostro de Madame Hulot adquiere un tic nervioso que se agrava al compás de las fechorías de su marido, hasta acabar en el colapso–. Ahora bien, Pauline podrá terminar en esta novela como un fantasma que sobrevuela las calles de París, pero Fedora, que se pasea todavía por el *Bois de Boulogne* por las mañanas y agita aún el abanico en un palco de la Ópera por las noches, es un monstruo, un autómata, algo mil veces peor que un fantasma, ya que lo suyo no es más que una existencia inerte y mecanizada. La bolsa sube y baja. Los dividendos crecen y decrecen. Fedora sale y entra en los salones de París sin que esto signifique nada, porque lo que no cuesta tampoco significa. El diagnóstico se formula con claridad meridiana durante esa cena de borrachos en la que Raphaël estrena su vida nueva. Rastignac, Blondet y los demás denuncian sin ambages la escandalosa verdad del mundo que habitan: no hay religión ni principios morales. La inteligencia, el interés y el cálculo son el corazón –la falta de corazón– de la sociedad moderna. E inteligencia quiere decir egoísmo, negocio, lucro, rentas, capital. Ella lo gobierna y lo conduce todo. Una inteligencia sin escrúpulos ha encumbrado a Rastignac, uno de los peces que mejor nadan en la charca de París. Los periodistas son los sofistas del siglo XIX, que ponen precio a cada palabra y defienden por la mañana lo que atacan por la noche.

Ante tal espectáculo solo es posible intentar mantener cierto equilibrio. Horace Bianchot ejerce la medicina, pero no ha perdido el corazón que lo aproxima a sus pacientes. Trata cada día con los aspectos más intratables de la vida, sus males sin remedio, pero no se ha insensibilizado. Proporciona no un fármaco químico, sino el bálsamo de la compasión y la comprensión con los que sufren y han sufrido. Bianchot representa al hombre de ciencia, pero su ciencia no desprecia la vida ni es ciega para la vida.

El poder de la piel era enorme, pero un gran poder solo engrandece a los que ya son grandes. Napoleón habría movido el mundo con una palanca. Raphaël de Valentin se ha quedado quieto en la oscuridad de su buhardilla, de su espléndido palacio, de los campos apartados del ruido y la farsa de París. No ha vivido, y la piel se hizo diminuta en su bolsillo hasta desaparecer.

Un cordero degollado

César Birotteau es una de las almas tiernas y sencillas incapaces de sobrevivir en esa arena de juego que es la ciudad de París. Hace tiempo ya que los jugadores experimentados han prescindido del corazón y de la honradez, por eso ganan la partida y prosperan en París. Ellos guardan en sus manos los hilos del títere gigante, y en sus cabezas las abstrusas tramas maquinadas a escondidas para arruinar financiera y legalmente a las personas –especulación, mercantilismo, neutralidad moral–. La bondad y la inteligencia están reñidas, pues los probos pecan siempre de simplicidad, y la simplicidad la reconocen los depredadores de París como el cernícalo reconoce al cordero en la pradera: en un instante. César sucumbe a sus garras con facilidad asombrosa, pues su honestidad es su debilidad (*Histoire de la grandeur et de la décadence de César Birotteau*).

Balzac vuelve a ser fisiólogo cuando reconoce los móviles ocultos que ponen en marcha la maquinaria que triturará al hombre cándido que ha caído desprevenidamente en las calles de París. La virtud de los Birotteau concita el odio insuperable de Du Tillet, que ha tratado de seducir en vano a su patrona y no ha vacilado en robar la caja de su patrón. La envidia y el desprecio de sí mismo son la causa de que no pueda tolerar tener siempre ante su vista la presencia de Birotteau,

pues le recuerda demasiado vivamente tanto la inocencia que sobre-
vive todavía en algún sitio como su propia infamia personal. El odio
de los peores se resarce del amor de los mejores aplastándolo. Tras
los robos y las dudosas inversiones del notario Roguin no se ocul-
tan solamente la ambición y la avaricia, sino un lecho conyugal que
no funciona. Porque Madame Roguin aborreció a su marido desde
la noche de bodas, y lo siguió aborreciendo todas las noches que
siguieron. Algún defecto íntimo –la fetidez de su pútrido cuerpo–.
Algún fracaso privado y doméstico –la falta de sexo con su mujer–
yace bajo la alfombra del notario rico, aclarándolo todo. Ahí está de
nuevo la causa soterrada: la querida, la combinación interesada, la
fuga con los fondos del ingenuo perfumista.

El gran banquero Du Tillet nace en esta novela. Y tampoco lo cul-
pamos demasiado. César no era más que un campesino que quiso
salirse de su esfera haciendo fortuna como comerciante, tratando
incluso de saltar por encima del comercio hasta la especulación
inmobiliaria con los terrenos descampados de París. Las operaciones
financieras no cabían en su esfera. No sentimos pena. Solo recono-
cemos de nuevo el fenómeno moderno de la movilidad social. César
vuelve a París arruinado, endeudado, las esperanzas rotas en mil
pedazos. Vuelve de donde no debió haber salido nunca.

La Comedia humana se alza ante nosotros como una penetrante
investigación genealógica de las grandes personalidades de la sociedad francesa: cómo se han encumbrado, qué han tenido que hacer
o dejar de hacer en los momentos decisivos, cuándo y por qué llegaron a ser lo que son. Rastignac aprendió rapidísimo que solo tenía
dos opciones (El pobre Goriot). O retirarse a alguna soledad donde
la abominación moral manchase su piel lo menos posible, o erguirse
firme como una columna en el desierto de insensibilidad y cinismo
que es París, y resistir como allí debe hacerse: comprando los guan-
tes blancos que escondan la suciedad de sus manos, sin que nadie lo
sepa nunca. Con dinero robado y ficticio. Con un corazón de segunda
mano. Con especulación y traspaso de capitales. Con amores prohi-
bidos –los varones de la Comedia hacen con las mujeres lo que las
mujeres de Defoe hacen con los hombres–. Rastignac se decide por
lo segundo, eso es todo. Si es corrupto, es porque la sociedad misma
es corrupta y él no quiso abandonarla.

La frialdad de Balzac

Cualquier lector de Nietzsche se da cuenta enseguida de que la prima Bette es el retrato consumado de lo que este pensador llama el «espíritu de venganza». En ella están la maldad de los débiles y los desfavorecidos, la envidia de los deformes y los lisiados, el odio de los impotentes y los infelices. En ella está el rencor de la criatura incapaz de olvidar todas las cosas malas que le hicieron de pequeña, así como la astucia y el espíritu taimado que desarrollan siempre los pobres y los resentidos, que nada podrían lograr de otra manera. Todas las acciones que Bette emprende en la novela tienen su origen en el hecho de que, mientras su prima Adeline disfrutaba de mil privilegios por ser bonita, a ella le ordenaban cavar el jardín y trabajar para vivir, pero no para vivir a lo grande, como hizo durante algún tiempo Adeline, quien de campesina se convierte en baronesa, sino para vivir en la pobreza y en la oscuridad completamente sola. No, la prima Bette no podía digerir ser *la prima Bette*, relegada siempre a un segundo plano, y es justo la mezquindad que supura su alma herida, es el odio a todo lo que no es tan pequeño y desgraciado como ella, el brazo gigante que empuja la novela. Balzac nos dice, como Nietzsche: no temáis a los fuertes y orgullosos; no os inquieten los felices, que no pondrán sobre vosotros jamás su mano, pues nada necesitan. Temed a los pequeños, a los infelices.

Temed a los débiles. Temed a aquellos a los que la vida se les atraganta. Temed a los que han sido heridos y no han podido olvidarlo. No son las existencias favorecidas; son las vidas envenenadas las que amenazan con envenenar y aniquilar a las otras.

Ahora bien, precisamente por ser lo que es (la virgen impotente y desfavorecida), la prima Bette necesita aliarse con un opuesto poderoso si quiere hacer añicos a los bellos, buenos y felices, y el opuesto no es otro que esa ramera burguesa, casada y de lujo llamada Valérie. Ahí está la espantosa meretriz, como una mantis al acecho; la prima Bette será quien conduzca a su guarida uno tras otro los bichitos masculinos para que se los coma, incluido su querido conde polaco, pues la familia Hulot se lo ha arrebatado de las manos tal como el rico que tenía mil rebaños arrebató el cordero único al pastor pobre. O así lo piensa Bette.

Por lo demás, el conde Steinbock es un joven escultor que sucumbe demasiado pronto a las tentaciones que acechan siempre la existencia del artista. El conde posee grandes talentos, pero ninguna constancia; tiene grandes ambiciones, pero ningunas ganas de trabajar de firme. Wenceslas es en *La cousine Bette* lo que Lucien era en las *Illusions perdues*: el contrario interno del artista genuino, ese animal feroz que no suelta nunca su presa, ese monomaníaco que lo desprecia todo excepto una sola cosa. El artista auténtico es un látigo despiadado que restalla cada día en un taller, en un escritorio, en un antro cualquiera. El verdadero artista es ese para quien la palabra «mañana» no existe, pues la urgencia de la obra dice siempre *ahora, hoy, ahora*. El artista no es simplemente un individuo que tiene grandes talentos, sino, sobre todo, quien posee la energía y la determinación para lo grande. Lucien, Steinbock y los demás ven en su cabeza el objetivo, pero carecen del coraje necesario para ponerlo en obra.

Así pues, para consumar su venganza de Adeline, que le empañó la niñez, y de Hortense, que le quitó su consuelo polaco, la virgen se alía con la cortesana burguesa, lo cual no solo da rienda suelta a su odio inveterado, sino que además le procura una bonita renta, pues (Balzac lo sabe bien) la Virtud viste andrajos y el Vicio púrpuras; la Probidad duerme en las chabolas y la Indecencia en los palacios. ¡Esto es París!, le dice la cantante a un Hulot en bancarrota, destructor de su familia, tres veces asesino, corrupto, lascivo y malversador, cuyo nombre no es sino una cruel ironía (Héctor nunca traicionaría a Andrómaca). ¡Esto es París, una nueva Nínive, una nueva Babilonia!

Pero Balzac no pierde el tiempo preguntándose por qué tiene el Vicio que ser rico y la Virtud pobre. No parece quejarse demasiado porque la Belleza resulte ser una horrible cortesana y la Fealdad una erinia enloquecida, pues lo suyo es un estudio fidedigno –el «documentado y estremecedor estudio de las costumbres parisinas»–, y además, según parece, ya tiene las respuestas. Horace Bianchot, el médico ubicuo, afirma que «ese mal tan enraizado» viene de «la carencia de creencias religiosas y de la invasión de las finanzas, que no son sino la consolidación del egoísmo. Antaño, el dinero no lo era todo; se admitía que existían cosas superiores y se les concedía prioridad. Se valoraban la nobleza de carácter, el talento y los servicios prestados al Estado; pero, hoy en día, la ley ha convertido el dinero en el patrón de cuanto existe». La sociedad lo perdonará todo; perdonará la ingratitud, la mendacidad, el robo y el asesinato, siempre y cuando el capital haya crecido lo bastante para comprar un asiento de prestigio entre los poderosos.

Así es «la moralidad de la época»; así es «el orden social de nuestro tiempo». Así es París, donde quien más y quien menos mataría a su madre por un puñado de perlas, y no porque las perlas le importen mucho en sí mismas, sino porque esta es la manera de quedar por encima de la rival de turno. Así es el mundo que Balzac ausculta como un médico ausculta el pecho sibilante de un tísico: no hay nada por encima del dinero. El dinero es el síntoma y es la enfermedad, y el diagnóstico del médico resulta del todo inequívoco. Ese mundo en el que campan a sus anchas los corruptos y los sobornados, la concusión y el lenocinio, ese mundo ya está muerto, y lo único que queda todavía por hacer es firmar el certificado y empezar la autopsia. Y para eso, naturalmente, se necesita dureza, se necesita frialdad, pero no la dureza de una Bette que se resarce arruinando a su familia, lo cual no es más que la forma postrera de la degradación –quien sufre al calor de la desgracia es noble todavía; quien se ha vuelto ruin porque ha sufrido es otra criatura abyecta arrojada al vertedero que compone el mundo–, sino la frialdad de quien ha sufrido mil penas, mil catástrofes y mil desilusiones sin haberse vuelto por ello infame y mezquino.

Meras relaciones

En *La prima Bette*, Balzac tomó nota y sacó punta con su maestría habitual al destino de la bruja malvada de *Las relaciones peligrosas* de Laclos. A la gran cortesana –la más bella, la más criminal– se la castiga en esa novela con un modo de muerte que hiela la sangre. Su muerte debe mostrar físicamente el horror del monstruo moral que ya sabíamos que era. Valérie yace en el lecho de muerte con su belleza arruinada; Madame de Merteuil pierde un ojo y se le desfigura el rostro. Es la venganza de su examante, la revancha de su cómplice y rival en ese reino del vicio y la lascivia que nunca tienen fin (pero lo tienen).

Confesémoslo. No resulta fácil que aborrezcamos a esa maga de la astucia que juega solo para complacerse a sí misma. Madame de Merteuil juega al escondite para ejercitar su inteligencia y demostrar su libertad; juega para burlarse de todo y permitírselo todo. Tal vez resulte odiosa, pero la brillantez y el ingenio están de su parte. Es depravada y vengativa, pero no deja de ser también la artista que cumple con éxito sus planes criminales y consigue siempre lo que quiere, lo que no sabe hacer cualquiera.

Todos los personajes resultan destruidos de una u otra forma al final de la novela. Qué más da, pensamos, los actores ya han actuado bastante. Da lo mismo; ya lo hemos visto todo. Lo que importa es que *las relaciones peligrosas* se han mostrado como lo que en verdad son: relaciones puntuales y accidentales; nada grave, nada serio, nada esencial; vínculos instantáneos, amistades de mentira, diversiones para matar el tiempo que no comprometen a nada; sociedades de individuos que nacen por el interés y mueren por el desinterés.

Por lo demás, las cartas que intercambian los expertos jugadores nos ilustran bastante bien acerca de la extraña manera como hombres y mujeres gestionan su intimidad sexual. Madame de Tourvel, la virgen casada que excita los sentidos del Vizconde de Valmont, recibe su castigo. Es el golpe a la sexualidad reprimida, el hachazo a la virtud que hace alarde de sí misma, la condena al *quiero y no quiero* que perece de mojigatería. Esa pureza es humanamente imposible. Esa ostentación de castidad en una mujer tan atractiva no puede sino desvanecerse al contacto con la realidad. Madame de Tourvel pierde la apariencia de virtud; Cécile se encierra en un convento. No supieron jugar sus cartas. No eran víctimas, eran tontas. Los villanos que no han suprimido su libido ni han rechazado el perverso baile de máscaras quizá hayan triunfado después de todo, aun cuando cometiesen el típico error de los criminales: guardarse las cartas del otro como una baza en el bolsillo, por si llegase el momento en que las necesitasen. No confiaban, naturalmente. Porque no hay confianza, naturalmente; lo que hay son ligeras batas de seda y alfombras de piel de cordero en las que extenderse para hacer algunas horas algo así como el amor.

Las cortesanas de Balzac buscan dinero; los depravados de Laclos buscan placer. Son criminales en los medios; son lujuriosos y estetas en los fines. El dolor de Cécile no despierta en Madame de Merteuil compasión alguna. El vizconde persigue no solo apagar sus sentidos siempre despiertos, sino complacer su vanidad haciéndose con la mejor de las medallas que es posible obtener en ese juego de posesión y destrucción de unos amigos que, en el fondo, siempre son enemigos. En nada le afecta que la presidenta se esté debatiendo con la muerte por su culpa en algún convento remoto, pues su dolor no hace sino aumentar el valor de la condecoración.

El dinero como móvil no aparece en Laclos. Solo asoma la cabeza en las negociaciones comunes y corrientes de los matrimonios ventajosos. Tampoco hay campos ni ciudades ni provincias. París está ausente en la novela, y las referencias a los interiores de las casas sirven a la pintura de los movimientos calculados de la seducción, la caza y la violación. La estancia que más conviene al vizconde para tomar por asalto a la presidenta adquiere relevancia, así como la ubicación del marido y del amante en las puertas de un mismo pasillo. Es placer, poder, dominio y no dinero lo que desean arrancarles a sus víctimas tanto la marquesa como el vizconde, y el conflicto lo es entre el no-solo-placer y el placer puro, pues los que buscan solamente su placer saben que el amor arruinaría el juego que interesa. La infidelidad se busca por sí misma, no porque alguien se enamore. Lo que se ama es ese espacio peligroso en el que el hombre y la mujer de mundo son competidores, por eso la venganza recíproca final. El vizconde y la marquesa se destruyen a sí mismos –el uno es el reverso del otro–. Ella asesina maquinando un duelo, él mata haciendo públicas lo que eran cartas privadas.

Mucho mejor que Richardson, pensamos al recordar *Pamela*. La *virtud recompensada* es complaciente y engañosa. La conformidad externa con la norma resulta despreciable moral de fariseos. La tesis de la pobreza bondadosa y la veracidad inocente es seguramente falsa. Pamela se hace rica con un matrimonio: muchas lo hicieron antes que ella. Aprende el arte de la estrategia y del disimulo por amor a la virtud, eso se nos dice; pero trama, miente y disimula como nadie. Y sin embargo, la lectura de la novela epistolar de Richardson no deja de resultar entretenida, quizá como uno de esos viejos cuentos sentimentales en los que los buenos son recompensados y los malvados castigados. Fábulas maravillosas a las que más tarde unos y otros han aplicado su arpón, su hacha o su martillo.

INMORAL Y DIVERTIDA

Vanity Fair deja claro desde el primer momento que Becky Sharp es una mujer tan inteligente como sinvergüenza. Fascinante, seductora, irreverente, encantadora, astuta, quizá también malvada. Sea como fuere, lo cierto es que empezamos la lectura –en la medida que no tenemos conocimiento previo de la trama– con la curiosidad despierta: deseamos saber cómo se producirá –si se produce– la condena moral de la protagonista, pues si *Vanity Fair* se presenta en efecto como *A Novel without a Hero,* no es porque en ella no haya un héroe definido, sino porque los candidatos a héroes no están a la altura, y Becky Sharp no es obviamente una heroína.

No es una heroína. Becky avanza flamante por la ruta de la estafa y la frivolidad, aventajando en astucia y villanía a cuantos la rodean, hasta el punto que su marido –militar, jugador, duelista y pendenciero– parece un santo a su lado. Pero no nos engañemos. La sátira no recae sobre Rebeca; la sátira recae sobre la sociedad en su conjunto. Rebeca es simplemente el pez que mejor nada en esas aguas ponzoñosas que forman la charca –feria– de las vanidades. La feria misma es la auténtica protagonista, la verdadera heroína de la novela de Thackeray, y, evidentemente, hablar en términos de feria ya es satirizar. Si Rebeca es una harpía, una oportunista y una depravada

–y nadie duda ni por un instante que sea todas estas cosas–, entonces una harpía es la reina indiscutible en este mundo de vanidad.

Ahora bien –y esto es importante–, Becky no podría ser jamás la figura dominante de la feria si no fuese por la propia mezquindad y vanidad de los feriantes. Son las faltas, las manías, las obsesiones y las ambiciones de la gente que pulula a su alrededor eso que Rebeca explota hábilmente para lograr sus fines. La presunción de Sir Pitt, la flaqueza de Lady Jane, la boba admiración de su marido no son debilidades suyas, son las debilidades de la gente, y lo que hace Becky es poner todo eso a su servicio. Porque así son las cosas. Después de lamentar con alguna trillada frase hecha la muerte de la vieja tía de turno los personajes llenan sus estómagos con asado de cordero y vino de clarete. Nada perturba su apetito. Nada les impide dormir. Así que, si Becky es inmoral, por lo menos es divertida, mientras que los habitantes de la feria no solo son inmorales, también son insulsos y fariseos, tal como demuestran sus jamás perturbadas ganas de comer y de beber a las correspondientes horas, pase lo que pase y muera quien se muera.

Cuando Rebeca le descubre a Amelia quién era realmente su marido –sin emplear palabras dulces ni andarse por las ramas– no podemos dejar de pensar: bien dicho. Es divertido que el narrador nos permita reírnos de esa pobre niña tonta llamándola al final de la novela «tierno y dulce parásito». Porque Becky podrá ser una mujer falsa y sin escrúpulos, podrá ser una víbora astuta, pero es con Becky con quien preferiríamos pasar la tarde o la noche; es con ella con quien preferiríamos reírnos, de ningún modo con sus víctimas (no con la insípida y simple Amelia), que además parecen estar pidiendo a gritos ser descuartizadas. Nadie se libra de la sátira. Ni siquiera el mayor Doblin, quien tiene sin embargo las dos cosas, tanto corazón como intelecto, puede evitar ser el blanco de la crítica, pues en el fondo es tan hipócrita y tan vano como el resto, por más que en la novela se diga que no recurriría jamás a la mentira aun cuando le beneficiase.

Becky no es la condenada, sino el mecanismo del que la novela se sirve para condenarlo todo. Ella es quien permite que la caricatura sea tanto más mordaz, la sátira tanto más merecida. No en vano el novelista la retrata no solo como una mujer inteligente y bien informada de la realidad del mundo en que vive, sino también como una gran actriz, una gran imitadora cómica –los estudiantes alemanes se ríen de sus imitaciones–. Ella es el alma de la novela, su espíritu satírico y ridiculizador. Por eso nos extraña poco que el momento climático en la carrera de esa genialísima embustera y tremenda comediante se sitúe justo en el contexto de la representación de una obra dramática. Becky representa a Clitemnestra –¡a quién si no!–, la despiadada mujer de Agamenón, la esposa sin escrúpulos, la madre-anti-madre, la temible asesina, que no vacila en agarrar el acero con sus manos cuando al pobre varón que tiene por amante le tiembla vergonzosamente el pulso.

La Gran Farsante es desenmascarada en una repulsiva escena de adulterio en la que el antiguo canalla representa el papel de puro y honesto marido. Como ocurre siempre, la ambición ha llegado al tope de su borrachera; la piel de la rana se ha tensado demasiado, se ha vuelto transparente, y Rebeca termina más o menos allí donde empezaba. Pero la caída no es sino una bufonada, pues es entonces cuando Rebeca es ella misma más que nunca: una pícara bohemia y vagabunda, sin amigos ni familia, sin dinero, vestida con un vestido viejo y maquillada con mucho colorete, pero sin rastro de amargura, sobrellevando su suerte con una carcajada.

No, pensamos, Thackeray no castiga a esa calculadora nata que es Rebeca Sharp, sino que la deja bastante bien situada al final de su novela. No podía ser de otra manera. Becky era la Gran Nadadora, la Gran Seductora, la Gran Feriante, la Reina de esa feria que en realidad es mercado. Pues si comportarse bien –así pensaba Becky– depende de tener suficiente dinero en el bolsillo o, en su defecto, crédito suficiente, entonces quizá mejor dejar la bondad para otro momento.

La casa lúgubre

Como es costumbre en Dickens, *La casa lúgubre* –o descolorida o sombría o inhóspita o desolada: *Bleak House*– presenta un espléndido desfile de caricaturas únicas. Una manía incorregible, un vacío, una verbosidad, una petulancia, una exageración constituye todo el personaje. La presencia y el príncipe son todo Mr. Turveydrop. La inmadurez y la indecisión son todo Richard. Ada es todo amor. La indolencia es todo Mr. Skimpole. La prudencia abnegada es toda Esther. Y la novela trata sobre en qué podría consistir eso de comportarse bien.

El bien no es lo que hace el filántropo, que en nombre de la humanidad descuida y arruina a los hombres concretos que tiene cerca. Ya Swift lo expuso a su manera: lo reprobable no es la misantropía, sino la filantropía, pues esta ama un concepto abstracto y detesta a los individuos concretos. El bien no se hace con discursos ni con prédicas sino con actos. El bien pasa desapercibido, permanece desconocido, desprecia los platillos, los tributos y los homenajes. Pero la novela no solo denuncia a los muchos fariseos que configuran la sociedad inglesa, sino que contiene una durísima crítica a los tribunales y a la administración de la justicia. También los tribunales pretenden hacer el bien; no el bien en sentido moral, evidentemente, sino esa clase de bien que consiste en garantizar la igualdad y la justicia universales, aunque, tal como son las cosas, no conducen sino a la locura y a la destrucción de cuantos se confían ingenuamente a ellos. Y esto Dickens nos lo muestra a una escala gigante. Dickens es un gigante. Cualquiera podía herirlo, nadie podía matarlo, escribió Chesterton. Y porque es un gigante vemos con excesiva claridad qué quiere decir. La novela nos pone ante los ojos a hombres y a mujeres que se entregan con ardor a multitud de causas y misiones, pero cuya obsesión por promover algún presunto bien remoto –la instrucción de un pueblo de África– redunda en el daño y la ruina del bienestar de los más próximos –el padre de Caddy se ha quedado sin habla–. Y esto Dickens nos lo dice una y otra vez. La misión de X consistía en admirar las misiones de A y de Z. Las misiones de A y de Z, por su parte, constituían una fuente inagotable de complacencia para A y Z mismos, si bien con el tiempo causaron horribles estragos entre cuantos de ellos dependían. Mrs. Jellyby escribe largas cartas de la mañana a la noche para mejorar la vida de los indígenas de Borrioboola-Gha, cuando sus hijos pequeños carecen de los cuidados más elementales. Hay una crítica muy poderosa, pero se confunde peligrosamente con la prédica (y no minimizamos el impacto que hayan tenido las parábolas y las prédicas de Dickens). En lugar de mantenerse en los límites estrictos de lo negativo, el escritor propugna un mensaje, defiende un modo de vida o un conjunto de virtudes que, a través de las excelencias del artista, revelan el credo del hombre victoriano. El grillo del hogar debe seguir cantando a pesar de África. La mujer se realiza a sí misma llevando las riendas de la casa y protegiendo a los suyos bajo sus amplísimas faldas. La esposa del capitán es una leona que defiende su cubil, y eso es lo virtuoso. Un llavero y un libro de cuentas bastan para encumbrar la existencia femenina, esto es lo que nos dice. Mientras, el pobre Jo, apostrofado enfáticamente por el narrador como tantos otros personajes dickensianos desvalidos, desaparece de la escena en un estado febril. Ha sido destrozado no por las fiebres de África, sino por las fiebres inglesas, y de estas los filántropos hacen poco o ningún caso. Richard se ha enmarañado en un pleito y ya arde en sus ojos el mismo brillo de demencia que distingue entre todas la mirada de Miss Flite. El pasante de abogado muestra de qué pasta está hecho cuando Esther levanta el velo que cubre un rostro joven pero marchito. Ella no le parte la cara de un puñetazo ni lo cubre de insultos, sino que mantiene la impecable compostura dándose cuenta de todo. Esther habrá perdido su belleza, pero no sus virtudes. Está dispuesta a sacrificarlo todo, la felicidad que da el amor y los placeres de la vida, por eso es recompensada. Dickens no puede concebir una heroína desalmada. Incluso Lady Dedlock –chivo expiatorio de la respetable sociedad inglesa– tiene que albergar buenos sentimientos en el fondo, aunque se vea forzada a ocultarlos bajo un manto de fría indiferencia.

Aunque la denuncia es muy seria –la procrastinación congénita del Tribunal de Cancillería asesina lentamente a las personas–, tenemos la impresión de estar leyendo un cuento delicioso, pero un cuento de hadas. Dickens no entra en los detalles del proceso que se lleva por delante unas cuantas vidas humanas. Solo dice que las costas superaban ya el valor de la herencia en litigio. Su forma de mostrarnos cómo la justicia inglesa no hace justicia en absoluto, sino que condena de uno u otro modo a muchos inocentes, es en general desdibujada, demasiado para que la comparemos con ese diagnóstico preciso y minucioso que son, por ejemplo, las novelas de Balzac. Los dos novelistas retratan los mismos tipos –pasantes, abogados, procuradores–, pero de manera muy distinta. Dickens divide el mundo entre capitalistas ricos y mineros pobres; parlamentarios necróticos y niños damnificados y explotados. E incluso a los abogados más listos de la City les presta un corazón que no pueden tener. «*Debe* haber verdad y justicia en algún sitio», también en el fango y la niebla de Londres.

En *Bleak House*, Mr. Jarndyce es el hada caritativa que va urdiendo poco a poco la trama de la historia. Sin sus intervenciones celestiales nada habría sucedido. Pero es solo un hada, por eso nos interesa poco. Dickens pasa por alto el amor entre Lady Dedlock y el capitán Hadow, cuyo relato nos habría interesado enormemente. Pasa de largo ante la muerte del procurador, cuyos detalles leeríamos con gusto. Y hace muy bien al condenar a Mr. Skimpole, que prescinde de los penosos detalles de la vida diaria porque se los endosa siempre a otros. Así critica Dickens la negligencia del artista. Así denuncia la pseudo-poesía del vago, el parásito y el carroñero. Pero si Esther ha sido premiada, su felicidad resulta insípida, pues preferimos con mucho el sufrimiento grandioso de su madre suicida, en cuyo largo manto negro arrastrado por las calles de Londres hay más belleza que en las niñas encantadoras que ha parido su hija.

Pero hay que decirlo. Dickens nos hechiza y nos divierte y nos enseña como nadie. El pavor que su mujer provoca en el papelero

Snagsby, que la piensa en posesión del don divino de la ubicuidad, resulta divertido. El matrimonio del artillero es chispeante. Los comentarios que puntúan la novela nos hacen reír –los muertos no protestaron ni un poco por tener que yacer junto a la adúltera Lady Dedlock, transgrediendo todas las normas de la buena sociedad–. Así que leemos a Dickens con deleite, y seguiremos leyéndolo.

NORA Y LOS MILAGROS

El milagro –*lo más milagroso, el mayor de los milagros*– no era en verdad ningún milagro, sino pura coherencia. El milagro no consistía sino en la exigencia de que no haya contradicción entre lo que se dice y lo que se hace, entre lo que se promulga a voz en cuello y lo que uno es en el fondo. Nora Helmer esperaba que el abanderado de la autoridad masculina asumiese su responsabilidad como hombre hasta el final. Pero si un milagro se espera es porque no ocurre nunca. Se espera lentamente, cándidamente, pasivamente, estúpidamente.

Como es natural, el milagro no sucedió y Nora despertó (*ahora es cuando empiezo a comprender*). Es la *anagnórisis* moderna. Porque digamos las cosas con franqueza. Si Helmer está convencido de que la debilidad femenina es ingénita, si considera que las mujeres necesitan un tutor que las guíe a través de los arduos senderos de este mundo, si cree, por lo mismo, que no son libres ni, por tanto, responsables, si estas son sus sólidas e inquebrantables convicciones, ¿cómo es que –esto le reprocha Nora– no estaría dispuesto a hacerse cargo del delito que ha cometido su mujer? ¿No es acaso su marido? ¿No es él quien ha hecho suyo el credo que dice que un marido es un guía y un educador para su esposa? ¿No es el dueño el responsable de los destrozos de su perro en el jardín del vecino? ¿En qué quedamos? ¿Las mujeres son adultas o menores? ¿Son libres o no son libres? ¿Son o no son responsables? ¿Son sujetos o son muñecas? ¿No estarán tomándonos el pelo?

Nora Helmer esperaba no un milagro, sino consecuencia lógica. Si el hombre es la persona jurídica y la mujer no, entonces la cuestión de quién tiene que asumir la culpa debería estar meridianamente clara. Nora ha falsificado la firma de un documento para proteger a sus dos grandes tutores masculinos, su padre y su esposo. Helmer no solo no se ha hecho cargo de la enormidad del favor (Nora le ha salvado la vida); no solo no ha sabido estimar el valor real de su comportamiento (no era derroche, era ahorro; no era su deuda, era la deuda de su marido), sino que (este es el descaro, esta es la cobardía) se niega a aceptar el desenlace al que conduce su actitud. Su esposo tendría que haber hablado llegado el momento. Tendría que haber asumido la responsabilidad.

Helmer no solo no ha reconocido el tamaño del sacrificio de Nora, sino que la ha insultado y humillado en nombre del Deber, los Principios y otras cosas mayúsculas por el estilo. Ahora bien, la integridad moral no es una certeza positiva ni algo de lo que jactarse. Helmer no era inatacable (nadie lo es). Lo que Nora comprende durante esas navidades «catastróficas» es que todo en lo que confiaba y de lo que dependía —su matrimonio, su casa, sus niños— no estaba hecho de piedra maciza sino de cristal quebradizo. Así que se quita el disfraz y se viste de diario. No dormiré esta noche, anuncia a su marido. Cómo es posible dormir cuando por fin se ha despertado. Cómo seguir actuando cuando se ha comprendido que todo era una farsa.

Las mujeres, dice Ibsen, se sacrifican continuamente por los hombres y no reciben nada a cambio —ya Alcestis lo hizo—. Sacrifican no solo el honor, sino lo más íntimo, su derecho inalienable: la libertad de pensamiento, de movimiento, de juicio y de expresión. Y lo triste del asunto —ya Eurípides lo dijo— es que esos hombres no merecían la pena. Admeto es un insecto diminuto. Alcestis es un ave que alza el vuelo a la inmensidad. Helmer sueña con estrenar su nuevo puesto en el banco avasallando a los amigos y haciendo ostentación. Nora ha vivido largos años cubriendo su hazaña con silencio —los buenos no hablan, actúan—. Esos seres masculinos tienen los pies de barro, pero esto no es lo malo, no es lo peor —todos los tenemos—. Lo peor es que no tengan el coraje de reconocerlo. Lo censurable es que no se abstengan nunca de reprender, recriminar y juzgar —o bien premiar y recompensar– a sus niños y mujeres cuando ellos no resistirían ni el análisis más condescendiente.

Las mujeres se han sacrificado en vano. La señora Linde salva la vida de dos hombres mezquinos –es la visitante cuya llegada no se espera, la Heracles del drama moderno–. Porque ¿acaso no han sido educadas las mujeres para vivir no para sí mismas, sino para los demás? ¿Y qué otra cosa ha hecho Kristine sino decir siempre de nuevo «Adiós, Juventud», «Adiós, Belleza»? Pero Nora ha hecho su maleta y ya sale de la habitación (*necesito estar sola*). Cuando se comprende la verdad de las cosas (*ahora es cuando empiezo a comprender*) ya no es posible seguir como antes. El hechizo se rompe. La inercia se detiene. En la pantalla no se ven imágenes, sino solo una nube gris. Y tendríamos que ser muy pusilánimes para fingir que seguimos viendo imágenes y seguimos oyendo melodías.

Como Alcestis, Nora resulta admirable. Es admirable porque ha demostrado tener el valor suficiente para admitir sin rodeos que el rey estaba desnudo, que los chirridos y los grises eran ya insoportables, y que más valía desenchufar el cable de un tirón y ponerse en camino sin demora (*ahora mismo, esta misma noche*).

Algunas tragedias griegas se han leído a menudo desde las obras de Ibsen –Wilamowitz y otros lo hicieron–. Hemos visto en las pantallas ciertas Medeas cuyas vidas comienzan cuando acaba la película, es decir, cuando han cerrado todas las puertas de un portazo y no son ya ni madres ni amantes ni esposas. Pero la Medea de Eurípides no empieza, termina. Tras los crímenes y las traiciones no se vislumbra en modo alguno el inicio de la auténtica Medea. No hay, ni mucho menos, una Medea liberada. No hay nada positivo, todo es negativo. Lo que vemos en la tragedia ática antigua no es renacimiento ni liberación. Es pérdida, es devastación. Más allá de la casa no están la independencia intelectual y la autonomía moral, sino la ausencia interminable y el largo vacío.

HENRY JAMES Y EL PROBLEMA DE LA VIDA PROPIA

De la estructura de la novela de Henry James *The Ambassadors* forman parte ciertos tramos cuya función metanarrativa nos recuerda aquellos consejos de dioses que entretejen la Ilíada, pues ¿qué otra cosa son esas conversaciones entre Maria Gostrey y Lambert Strether sino coloquios semejantes a los que Zeus y Hera sostienen en el Olimpo a propósito de los que tienen que morir: Héctor, Patroclo, Sarpedón? Son diálogos entre bambalinas, momentos de pausa en los que la novela se comenta a sí misma y observa el drama desde fuera, lo cual resulta perfectamente homérico.

Henry James pone sobre la arena de juego unos pocos elementos: una madre, un hijo y un embajador, y nos deja que observemos sus movimientos más discretos y sutiles. Ya que se trata de observar un juego, resulta muy natural que en esta novela se destaque más que en otras del autor esa esfera «aparte» que en Homero eran los consejos e interludios de los dioses. En esa esfera no se actúa; se percibe, se observa, se intenta entender qué pasa exactamente en la arena de juego. Los interludios olímpicos interpretaban la acción del relato con solvencia, pues los intérpretes eran dioses. En el relato de James no son los dioses, naturalmente, los que perciben y comprenden, sino expatriados y embajadores que han ganado distancia respecto a su país de origen.

Chad Newsome es un americano joven que vive en París un romance con una mujer casada. Pero la novela de James no se limita a narrar este romance de forma inocente, sino que incorpora un segundo plano de observación crítica, por eso junto a Chad debe aparecer un personaje que no pise la arena de juego, pero la pise en cierta manera, al modo del observador. Es muy cierto que el cometido de Strether como delegado de Mrs. Newsome no es observar el juego que absorbe en estos momentos la atención de Chad, sino llevarlo de vuelta a América. El suyo no es un viaje de comprensión sino de intervención, si bien –y aquí radica todo– para cumplir su misión Strether ha tenido que irse a Europa, donde ha descubierto que, a diferencia de su amigo, él sí tiene ojos para Europa. Y por eso deviene el intérprete de lo que pasa en ese terreno de juego que en la novela de Henry James es la palpitante, trepidante y fascinante ciudad de París. En otras palabras, Strether es el observador del juego no porque se lo hayan encargado, sino porque él mismo reúne todas las cualidades para serlo. Su propia lejanía lo capacita para la visión penetrante que distingue al embajador: al vidente, al *theorós*.

El asunto es bien sencillo. Strether comprende enseguida que, cómo decirlo, el joven escapado de América es *ese que aún sigue vivo entre nosotros, los habitantes de Woollet, y tiene la vida por delante y ha aprendido a vivirla plenamente a pesar de nosotros, americanos, y gracias a ellos, europeos.* Nosotros estamos muertos, quizá nunca hayamos vivido en realidad; pero Chad, que es uno de los nuestros, se ha salvado y aún respira. Strether comprende que la cuestión del retorno a casa es una cuestión de vida o muerte. Y termina tomando partido por «ellos» –es decir, por la vida–, y renuncia a entregar al joven al «nosotros» de existencia incolora y anoréxica.

Aun cuando esté entre América y Europa, Strether representa al «nosotros»: es uno de los agónicos y anémicos habitantes de Woollett. Chad se ha ido a conocer la vida, y «ellos», los europeos, se la han enseñado. Pero el embajador de su madre bien podría hacer que todo eso tan precioso –el estar en el meollo de la vida, del amor, París haciendo su trabajo– se echase a perder sin remedio. Ahora bien, Strether no traiciona al «nosotros» porque fracase como intermediario, sino porque tiene éxito. No se ha limitado a llevar la garra de Woollett a un boulevard de París; eso no es mediar, sino coaccionar o secuestrar. Lo que hace es observar la situación con serenidad y hacer justicia a su complejidad. Y puesto que la observación es en sí misma una decisión, la presunta traición a los suyos resulta ser su mayor servicio, pues permite que *ese-que-aún-vive-de-los-nuestros* tenga la oportunidad de salvarse.

Al permitir que sea Chad quien decida irse o quedarse en Europa, Strether rinde su tributo tardío a la vida, la vida que él mismo ya no puede vivir. ¿Pero qué es vivir exactamente? Es eso que los habitantes de Woollett no se atreven a hacer y lo que el embajador descubre que es posible en París: vivir ardiendo, vivir atrapando la vida, vivir en libertad. La vida no es para Henry James una bestia enfebrecida que debemos domeñar con todo nuestro empeño, sino un lujo irrepetible, un néctar exquisito que no debemos rehusar pese a quien le pese (*live all you can. It's a mistake not to*). Tenemos que atrevernos a aceptarlo; tenemos que beberlo hasta el final. En París se vive; los americanos fingen o aparentan que viven. Strether se da cuenta: somos los grandes carceleros de la vida. La charla anodina en algún jardín de París era un combate a muerte; los sutiles conversadores eran guerreros furibundos; las palabras pronunciadas en los salones elegantes eran armas letales, y todo tenía una importancia decisiva. Porque se trata de la vida, y de que unos no impidan a otros vivir la propia vida a su manera. La vida ya no tiene remedio para Strether. Chad tiene la copa al alcance de su mano y ellos, los europeos, le han enseñado cómo hay que beberla.

No nos confundamos. Lo que se critica en la novela es algo más profundo que el estilo de vida de ciertos provincianos de Nueva Inglaterra. Lo que se reivindica a través de Europa no es una realidad ya hecha, sino una aspiración o una exigencia: si en la novela los europeos son «aristócratas», es porque los aristócratas son libres para hacer lo que les plazca y vivir la vida hasta las heces. Tienen la oportunidad de construir una vida propia, y si se carece de esto, entonces no se tiene nada. No vida, sino muerte-en-vida es lo que resulta cuando el individuo no puede configurar su vida libremente. De modo que esto se exige: libertad para usar zapatos a medida, por rara que esta sea; que nadie le impida a uno calzarse el número que necesita para andar cómodamente por la vida. Pero los habitantes de Woollett no lo han entendido o no han querido entenderlo, de ahí su loca idea de que todos calcemos el mismo 38, lo cual, evidentemente, es destruir aquello por lo que los individuos no son ejemplares de un tipo o una clase, sino precisamente individuos. Los americanos de Massachusetts están enfermos de normalidad, enfermos de convención, enfermos de decencia. Los europeos, por ser aristócratas

–en el sentido dicho–, son los auténticos demócratas, pues conservan ese reducto de libertad en el que las personas pueden crear artística y libremente sus propias vidas. La forma que Strether tiene de ayudar a Chad es, pues, esencialmente negativa: consiste en no impedir que siga viviendo su vida a su manera.

Así que eso que parecía insignificante –una madre desea que su hijo vuelva a casa por su bien– pone sobre la mesa nada menos que el problema moderno del derecho a vivir una vida propia. No hay ninguna vida buena trazada de antemano. Una vida precocinada para nosotros por no se sabe quién –¿la sociedad?, ¿la tradición?– no es en absoluto propia y, por eso mismo, no puede jamás ser «buena», sino solo aborrecible. No hay otra vida buena que la que cada uno crea para sí mismo sin que nadie se lo impida. Y si esto fuese posible, entonces no habría, como es sabido, ni excéntricos ni aristócratas, pues sin ideal de vida buena que encorsete a los individuos todos seríamos excéntricos, todos seríamos aristócratas. En una sociedad libre, cada individuo tiene derecho a la expresión de su exclusiva diferencia, siempre que no impida la de otros. En una sociedad libre no hay estilos de vida mayoritarios, pues cada uno es –o tiene el derecho de ser– una mayoría. No existe nada –ningún Dios, ningún Valor, ningún Modo de Vida– en nombre de lo cual el individuo deba sacrificar su libertad, y es la libertad la que exige todos los sacrificios, todos los homenajes –en el patíbulo, Madame Roland habría vestido algo similar a la condesa–. Es por esto que en la novela de James esa vida confortable que aguarda a Chad en América es la más lamentable de las vidas, pues ya está hecha de antemano, de suerte que responder a la llamada de la madre supondría sacrificar la libertad personal en el altar de costumbres y convenciones que no se han elegido y, en definitiva, vivir una vida que no puede ser «buena» porque no se la ha creado ni escogido libremente.

Frente a todo esto está París como exigencia: la exigencia de un espacio donde uno pueda perseguir sus propios fines sin que nadie se lo impida. Europa es en la novela el espacio de lo bello, lo diverso, lo espontáneo, lo sinuoso y lo impredecible. Sus ciudades no están encorsetadas en líneas rectas, ni han sido fabricadas en serie. Esas viejas ciudades son inextricables, sorprendentes, únicas; respiran misteriosamente, caprichosamente, cada una con su propio trazado y su ritmo propio. En estas ciudades sin plan es posible que florezca plenamente la diversidad y se despliegue al máximo esa impredecible diferencia que la madre de Chad no tolera, de ahí que Strether sostenga que lo que uno tendría que hacer con Mrs. Newsome es «desembarazarse moral e intelectualmente de ella». Strether ha comprendido que las Mil Voces Inarmónicas que flotan en el aire de París se han extinguido entre «nosotros», y si «ellos» son importantes es ante todo porque nos lo recuerdan.

En la medida que Woollett es la fábrica de las vidas en serie y el lugar donde la peculiaridad no es buscada por sí misma, sino descartada como imperfección y defecto, lo que en ella se produce no son personas, o sea, seres individuales, sino clases o tipos de individuos. Por eso no puede ser cierto que Mrs. Newsome aparezca en la novela como emblema de un presunto ideal kantiano de acción autónoma. Más bien al contrario: lo que hay en Woollett es heteronomía y recetario moral, y esto, como se sabe, excluye tanto el sujeto libre como la responsabilidad.

Si la novela de James reprocha algo a los moralistas de Nueva Inglaterra es que impidan que el individuo sea dueño de sí mismo. Algo similar reprochaba John Stuart Mill (en *On Liberty*) a los moralistas ingleses de su época, a saber, que uniformizasen, normalizasen y castigasen la expresión de las diversas rarezas –libertades– individuales. Y esto se juega en la novela: el derecho de vivir una vida propia. No en vano, cuando Strether desembarca en Inglaterra se siente invadido por un «sentimiento de libertad personal como no lo había experimentado durante años».

Más que un lugar en el mapa terrestre, Europa es un concepto, el concepto *moderno* de una sociedad libre. Si James la presenta como un espacio en cierto modo *premoderno* –el jardín de la casa de Maria Gostrey se había salvado de la destrucción moderna– y, sobre todo, como un espacio *artístico*; si Europa es, en suma, lo contrario de un reformatorio bostoniano, es porque «modernidad» se identifica aquí con la reducción de las diferencias y con el empobrecimiento de la vida, y el «arte» con la forma excelsa de la expresión individual. Quizá Woollet no sea sino esa situación despótica que Mill quería distinguir de una sociedad en la que, en lugar de controlarnos y adiestrarnos, «la libertad de organizar nuestra vida siguiendo nuestro modo de ser, la libertad de hacer lo que nos plazca», está garantizada de antemano. El embajador habría sido premiado por restringir la libertad de expresión de un individuo en nombre de los valores de la sociedad americana; pero, sencillamente, no quiso hacerlo.

PANELES KAFKIANOS

En *Der Verschollene* el protagonista es transportado de un espacio a otro como si de paneles en un videojuego se tratase. Cada panel tiene un escenario diferente, un ambiente diferente, unos personajes diferentes, pero unas reglas de juego extrañamente similares. Primero, un barco lleno de pasillos en los que Karl está indefenso. Sigue el puerto de Nueva York, la casa de su tío, los caminos que se alejan hacia no sabemos dónde –un hotel, un apartamento, Oklahoma–. Los paneles se suceden los unos a los otros no exactamente al azar ni exactamente por capricho, sino según una regla que resulta ser la falta misma de regla: la regla del «no-hay-regla» o, si se quiere, la ausencia de regla de la violencia gratuita.

Karl Rossmann, un sujeto en principio tan libre como cualquier otro, pasa de manera imprevisible y sin quererlo de una situación violenta a otra situación violenta. Kafkiano es por de pronto el hecho de que sea justo el tío, su único familiar en América, quien lo aleja de esa forma humillante y dolorosa (*no me escribas, no contactes conmigo a través de terceros, nada, esfúmate, desaparece*). Dos veces pierde Karl la vinculación con la familia por la arbitrariedad de sus familiares –¿y quién es su tío sino un rico comerciante con mala reputación que *se ha cambiado el apellido*?–, de modo que ahora, en América, no solo sus vínculos de origen europeo no valen nada; tampoco sus cinco años de formación europea valen nada; su buena voluntad europea no vale nada, ni siquiera su esfuerzo vale nada, todo lo cual no deja de ser una aclaración del hecho mismo de que Karl esté en *América*, espacio al que viaja no por propia iniciativa, sino porque ha sido expulsado de Europa por sus padres. Como K. en *Der Schloss*, Karl ha perdido los lazos con su suelo natal, y con ellos la posibilidad de orientación y referencia.

Hemos dicho que los paneles kafkianos tienen cada uno un ambiente, un decorado, unas reglas de juego. En los paneles de *Der Verschollene*, el fondo es siempre la multitud: la anónima, bestial, frenética, inconmensurable multitud de ese país inconmensurable que es América. El tráfico de Nueva York, el gentío del restaurante, las miríadas de ascensoristas en el hotel, la muchedumbre que se agolpa en las calles bajo el balcón de Brunelda. Importante en cualquier caso es el extrañamiento entre el protagonista y los paneles. Karl como protagonista y el mundo como serie de paneles constituyen vías que, corriendo en paralelo, no se encuentran nunca. Karl dice: *me confundes con otro*. El panel dice: *eras tú*. Así de sencillo. No hay nada que hacer. A diferencia de lo que ocurre en ciertos juegos ordinarios, el héroe no tiene aquí ningún poder específico, ni tampoco capacidad de adquirir poderes. Karl parte de una situación de pérdida y despojamiento –su maleta es objeto de inspección y de saqueo desde el principio–, pero incluso en ese despojamiento y en esa pérdida sigue siempre perdiendo y siendo despojado.

De cada mundo-panel Karl es expulsado tras sufrir eso que podríamos llamar «vulneración de sus derechos fundamentales». La invasión de su intimidad es constante, la imposición de normas y espacios –pasillos, puertas, filas, incluso luz y oscuridad son elementos que Karl no controla– es básica. El secuestro y la agresión física son continuadas. Todo es brutalidad, todo es coacción imprevisible. En los paneles no kafkianos la libertad del protagonista consiste en contar con un equipo propio y la posibilidad de usarlo. El protagonista no kafkiano cuenta y se encuentra con cosas y es capaz de sacar partido de esas cosas para sus propios fines. En alguna medida, esto funciona también en *Der Verschollene*, pues de lo contrario no habría posibilidad de avance, pero se lo ha reducido al mínimo. Karl se encuentra por ejemplo con una «jefa de cocina» –la pesadilla incluye el hecho de que las personas han desaparecido; lo que hay son profesionales:

taberneras, secretarios, agrimensores, médicos, abogados–, encuentro que permite transitar de «restaurante-multitud» a «cocina-jefa de cocina» –nótese que «jefa de cocina» no es lo mismo que «cocinera»–. El encuentro en la pensión conducía del entorno neoyorkino al «camino a B.», de donde, mediante la jefa de cocina, Karl va a parar al Hotel Occidental. Reaparece uno de los falsos amigos, lo cual permite el cambio –expulsión– al panel «habitación de Delamarche», y de aquí, finalmente, al encierro en el balcón. (Que no encontremos ningún panel «cárcel» refuerza la idea de que todo es cárcel: Karl ha sido prisionero de su tío, de los amigos de su tío, de su trabajo como ascensorista, de sus falsos amigos.)

Después del desayuno con Brunelda el relato se interrumpe. Como es sabido, *Der Verschollene* es una novela inacabada, y no solo en el sentido trivial de que Kafka no terminase de escribirla. Kafka mismo dijo (en carta a Felice) que su «historia americana» estaba diseñada para «continuar hasta el infinito». Esto tal vez sea importante.

Por un lado, en las llamadas novelas de Kafka las cosas parecen no acabarse nunca. Después de un camino viene otro, después de un pasillo viene otro, después de un plato de comida viene siempre otro y otro y otro. El problema kafkiano es el *no-se-acaba-nunca* típicamente moderno. El detallismo de Kafka no es tranquilidad o naturalidad kafkiana. Todo lo contrario: es exasperación y crispación, es infinitud y desasosiego, es un no-ver-nunca-el-final y un no-acabarse-nunca (a diferencia del griego, el detallismo moderno es angustiante y desesperante). Por otro lado, la ilimitación, en la forma y en el contenido, está relacionada con que el relato consista en una secuencia de aventuras que explora la vieja fórmula –radicalmente modernizada– «héroe supera fase y cambia a siguiente», solo que aquí el «héroe» no supera, más bien es superado. En cualquier caso, los fragmentos que las ediciones reúnen al final de la novela no parecen ser sino variaciones de un mismo patrón: suciedad insuperable de los espacios multitudinarios en los que Karl se encuentra a su pesar. Desorientación, traición, policía y restricción de la libertad de movimiento. Deseo de lo más simple: poder acceder en igualdad de condiciones a *una vida cualquiera,* nada extraordinario, nada exquisito, algo muy corriente a lo que *todo el mundo* podría aspirar llegado el momento, algo transparente y democrático obtenido según reglas transparentes y democráticas, es decir, justas en vez de injustas, públicas en vez de clandestinas, en suma: reglas en lugar de arbitrariedad.

Esta y no otra es la aspiración del protagonista: poder vivir en paz en algún lugar del mundo –digamos: del gran teatro de Oklahoma–, pero justo esto es lo que no se cumple –la lógica de contratación del teatro resulta viciosa–, ni siquiera en América.

Se ha sugerido que los personajes de Kafka son relevantes precisamente por su irrelevancia, su falta de carácter, su anonimato, etcétera. Ahora bien, la irrelevancia no hay que entenderla como obstáculo sino, sobre todo, como meta. Al protagonista de *Der Schloss* las cosas le van mal porque es un *nadie*, un *cualquiera*, y sin embargo, a lo que K. y otros aspiran es justo a ser *en verdad nadie y en verdad cualquiera*, así como a recibir el mismo trato que cualquiera sometiéndose a las mismas reglas que cualquiera, pues lo otro no será sino arbitrariedad y despotismo. La irrelevancia es esencial porque la abstracción es esencial para que pueda hablarse de justicia. Como un punto cualquiera en una línea uniforme y sin fin, el protagonista kafkiano es impersonal y vacío, carece de rasgos particulares, pero es que tiene que ser como entidad abstracta y sin particularidades que el protagonista detente el derecho a eso a lo que en efecto aspira a tener derecho. La despersonalización no es por lo tanto algo de lo que quejarse, sino eso con lo que exigimos consecuencia. Si uno no es nadie, entonces nadie debería importunarle a uno (¿por qué yo y no todos?, esa es la pregunta, esa es la injusticia). Si somos cualquiera, disfrutemos entonces de todas las ventajas de serlo.

El mundo de Kafka no es ese en el que no es posible dormir, sino ese en el que te impiden dormir sin justificación alguna (en *Der Schloss* alguien despierta a K. *porque así se le antoja*). Un mundo es «kafkiano» no solo por la burocracia presuntamente impersonal, sino por la arbitrariedad cruda y descarada, por la falta de derechos y de garantías, por la situación en la que nadie sabe a qué atenerse y nada está asegurado. En el mundo de Kafka te dicen «ven aquí», cuando lo cierto es que no quieren que vayas. Te dicen: ejercerás como ingeniero, pero solo a condición de que hayas ejercido de ingeniero previamente, lo cual no solo es demencial y deprimente, no solo es prisión y secuestro, también es algo profundamente antimoderno, pues un mundo que te condena a ser para siempre lo que ya eras no deja de ser antimoderno. Pero ese mundo «kafkiano», ¿en qué sentido es «de» Kafka?

Walter Benjamin se refirió al «madriguerismo» de Kafka. Habría que introducir algunos matices. Primero, en la madriguera no se busca estar: *se está ya ahí, se está ya en la madriguera*. El terror consiste en estar ya en una madriguera sin túnel de salida. Pero si la madriguera es el mundo en el que inevitablemente estamos atrapados, entonces la tarea del escritor consistirá no en construir un túnel de salida, sino en arrojar en la propia madriguera *la luz de una salida*, pues sin alguien que prenda una llama en la oscuridad ni siquiera sería posible referirse a la madriguera *como* madriguera, ni tampoco decirnos a nosotros mismos cómo es el mundo aquí, en nuestra madriguera. Si Kafka supo describir tan bien la madriguera moderna, sus túneles interminables, sus paredes podridas, sus laberintos sucios y depravados, es porque no estaba pese a todo en lo oscuro de la cueva, sino en cierto claro de luz.

El mundo «de» Kafka no es simplemente el mundo que Kafka ha inventado, sino el mundo que Kafka ha descubierto y reconocido como suyo. Si Kafka no es exactamente un novelista, sino, como se ha dicho –Hannah Arendt lo ha dicho–, un maquetista o un arquitecto, no es porque sus planos proyecten un edificio que no existe y que es preciso construir, sino porque ponen al descubierto y en la vergüenza la estructura de un edificio que ya existe. El edificio, como la madriguera, siempre ya existe, solo que no lo vemos ni entendemos. Necesitamos arquitectos, no arquitectos de mundos nuevos, mundos mejores, sino arquitectos inversos, maquetistas cuyos planos mejor expongan las entrañas del edificio que habitamos sin saberlo, los que con más contundencia nos arrojen sus esquemas a la cara para que podamos comprenderlo.

El talento de nadie

Si Robinson Crusoe era el hombre moderno, Mr. Ripley es el contemporáneo. No tiene identidad, por eso la finge constantemente –está dispuesto a matar a su amigo con tal de crearse durante algún tiempo una identidad que sabe que no tiene–. No se soporta a sí mismo. No se distingue por nada en particular. Solo destaca por su destreza como contable y su habilidad para emular cómicamente a otras personas. Pero la verdad emerge a la superficie desde el fondo del pozo. Los sudores fríos, los mareos, los desmayos que podrían traicionarlo en cualquier momento son la verdad escondida bajo las máscaras que le nacen del maldito deseo de ser siempre otro.

No es paradójico. El Tom Ripley que aparece al final de la novela es otro Ripley más, el asesino de Robert Greenleaf, legítimo dueño del anillo y los zapatos. No nos sorprende. Tom no soportaba tener que calzarse sus propios zapatos. Un donnadie como yo no puede permitirse un viaje a Italia. Un cualquiera de Boston no podría nunca errar vagabundo por los mares salpicados de islas donde aterrizan los héroes agotados de los ardientes afanes, los ardientes caminos. Allí solo descansan quienes han soportado el peso de las armaduras luminosas, los que han aguantado hasta el final los combates resonantes, los que han sostenido con sus brazos en alto las lanzas contra el tiempo, contra el abismo, con su corazón.

El héroe antiguo mataba porque la vida le quemaba las manos. El héroe contemporáneo mata porque está muerto. Esta es la situación. Esta es la condición. Así que el héroe de Highsmith desembarca en el Pireo como si nada. Pisa las calles de la sagrada Atenas –allí estaba Hefesto, estaba Atena; allí estaba el cerámico, el ágora; muy cerca estaban el cabo Sunio y el dios de las olas, y los delfines, los tritones, las nereides, todas las criaturas sumergidas en las profundidades nocturnas; allí estaba también el sol del último crepúsculo– y no pasa nada.

No pasa nada. La enorme fortuna que Tom ha conquistado al asesinar a su amigo le abre las puertas de Grecia, que son las puertas del mundo: Japón, la India, Java, Todo. Un mundo en el que estará solo, naturalmente, pero ni siquiera eso le importa demasiado. Al fin y al cabo, Ripley no soporta tener a nadie cerca.

Aceptémoslo de una vez. Así es nuestro contemporáneo, así somos nosotros. Los que no nos soportamos a nosotros mismos ni soportamos tampoco a los demás. Los que buscamos desesperadamente voces vacías y charlas superfluas para que parezca que lo soportamos. El martini en compañía; los cócteles de moda. Ripley nos pone ante el espejo. Le repugna la gente, pero no puede vivir sin ella. Le asquean las mujeres y sus curvas –siente náuseas al pensar en la ropa interior de Marge esparcida por el suelo de su dormitorio–. Quizá amaba un poco a Dickie. Tal vez quiso besarlo en la soledad de esa lancha alquilada –lugar del crimen– que desde el puerto de Niza corría veloz hacia la inmensidad. Pero no se permitió ese amor, o no supo permitírselo.

Al final de la novela solo queda la pulsión adquisitiva. Lo que permanece es el deseo insatisfecho, el ansia imperiosa de la posesión. A su amigo le hizo el amor al matarlo.

Esta es la coda de *El talento de Mr. Ripley*: los anillos, los relojes, el dinero escondido en Sicilia. Ripley ama su maleta de piel de antílope porque está muerta y es de Gucci. Adora tener que hacer siempre de nuevo el equipaje para marcharse siempre a otra parte. La incurable inquietud del hombre moderno permanece inalterada, pero se ha vuelto sórdida y obscena. La economía de Crusoe sigue adelante, pero no ya como el medio necesario para sobrevivir en una isla desierta completamente solo, sino como la llave para entrar en los hoteles de lujo del mundo entero. Permanece también la condición desamparada –el hombre contemporáneo sigue siendo ese niño huérfano que ha crecido sin afecto–. Permanece el viaje que rompe con el mundo conocido, así como la larga travesía de retorno a Europa. Pero el delirio no empuja ya las grandes empresas condenables –el tráfico de esclavos, las plantaciones de negros, los negocios turbios de Crusoe y muchos más–, y la atmósfera ha cambiado. Tom Ripley se ha replegado en una cáscara tan exquisita como vacía, y es ahí donde puede y quiere vivir. En esta ocasión el embajador tan solo ha fingido tomarse la molestia. Navega a Italia en primera clase. Asciende las laderas escarpadas que conducen a los pueblos esparcidos por la costa de Amalfi. Se pone cara al sol y hace como quien transmite un mensaje muy importante (el *vuelve ya* paterno, la madre enferma y moribunda). El padre ha volado en vano hasta Venecia.

El embajador que ha concebido Patricia Highsmith nunca quiso serlo. Y mató y robó y no medió en absoluto. No vio ni comprendió como sí se vio y se comprendió en Henry James. Ella lo pensó bien. Un embajador solo puede serlo cuando pertenece a algo, lo que sea. Sin puntos de referencia, sin nombre propio ni hogar al que volver, Tom Ripley, quien nada tenía, nada recordaba, nada conservaba, no podía ser más que un bellaco y un ladrón. Tan mío es esto como aquello. Tanto soy tú como soy yo. Al mejor hotel de Atenas, al mejor, al más caro de todos.

Coger la vida al vuelo

Caminando a tientas por esa casa llena de espejos, cajones cerrados
–en cada uno hay una cosa inútil, anillos y chales de la señora Ramsay
tal vez–, una plétora de cortinas y visillos, una ráfaga de viento en la
ventana –allí solía sentarse, la espalda muy erguida–, y fuera el jardín,
arruinado como una ciudad tomada, deformado, derrotado, porque esa
es la labor de la naturaleza: destrozar, consumir, devastar, para luego
y como por milagro deslumbrarnos con una incomprensible y obstinada explosión de crecimiento, hasta que llega el momento en que
nadie se atreve a negar el hecho de que los cardos rompen los azulejos
de la cocina y los tordos anidan sobre las viejas lámparas de cristal. Es
entonces cuando «la señora McNab, rasgando el velo con las manos que
habían permanecido en la tina de la ropa, triturándolo con las botas
que habían aplastado los guijarros, llegó tal como se le había indicado,
para abrir todas las ventanas y limpiar el polvo en los dormitorios».

Pero la señora McNab es demasiado poca cosa. Nada puede hacer
contra «aquellos aires vagabundos». Ningún arma puede esgrimir
–azotando alfombras, frotando suelos, mirando de soslayo– contra
ese «diluvio de oscuridad». A la primavera y su manto de silencio –
porque Prue murió en la plenitud de su belleza–, siguen las breves
noches del verano, y entonces, «en medio de aquel silencio, de aquella

indiferencia, de aquella integridad, se oía el ruido sordo de algo que caía» –Andrew murió al instante cuando el obús hizo explosión–.

Quizá Andrew hubiese sido un gran matemático; quizás Prue hubiese hecho renacer la imagen sagrada, la madre junto al hijo, enlazados, sosteniéndose. Pero no, no es posible, ya nunca lo será –Lily Briscoe supo que Minta comía un sándwich en mitad de la noche mientras Paul jugaba al ajedrez en algún café de Londres–. No, señora Ramsay, piensa Lily con alivio, aquello es anticuado, ya no vale, las frases de la anciana Beckwith (todo es muy bonito, muy agradable, debéis ser muy felices) están huecas y descoloridas, pues Paul tiene una amante y ahora los dos son buenos amigos.

Y sin embargo, queda todavía el espacio vacío en la escalera, donde la señora Ramsay solía sentarse, James a sus pies, para gobernar el navío errante con manos firmes, a salvo de las dudas, consintiendo que su belleza, desparramada por suelos y salones, cortase la respiración de quienes la contemplaban –tejiendo la media marrón, portando la cesta en sus brazos, para los pobres, para las mujeres que mueren de cáncer en el pueblo–. Ahora Lily ve claramente ese espacio vacío; todo el problema reside en él («tenía que apresar algo que se le escapaba»). Un seto, una madre con su hijo, luces aquí y sombras allá, y en mitad del lienzo ese enorme vacío, el enemigo terrible que ha venido persiguiéndola infatigablemente durante los diez últimos años. ¿Podrá empuñar de nuevo los pinceles? ¿Podrá tenderle una emboscada? ¿Podrá enfrentársele por fin (ella, la diminuta Lily Briscoe, soltera a sus cuarenta y cuatro años)? ¿Y todo mientras el poeta resopla en la hierba –porque el viejo Carmichael se estaba haciendo famoso–, el señor Ramsay recita en voz alta –sus hijos bajan la mirada– «Perecemos, absolutamente solos», y el bote navega lentamente rumbo al faro?

La señora Ramsay murió de repente, y con ella el sublime grupo de figuras, la madre junto al hijo, descansando, sosteniéndose, que ya no volverá a repetirse (Lily suspira). Pero esto no basta. El señor Ramsay arrastra todavía sus magníficas botas de cuero por el estudio, arriba y abajo, y después por el jardín, recitando versos, aullando al cielo, pidiendo compasión. Lily no puede darle nada, no puede pintar. La presencia del señor Ramsay recitando versos, paseando arriba y abajo con la carga del conocimiento a sus espaldas, agita de nuevo el cuenco y entre las frases una asoma la cabeza: «¿Acaso no se estropeaban las cosas por el hecho de decirlas?»

Pero ¿por qué pintar al fin y al cabo? ¿Cómo pintar no solo en la mente, cuando el problema del vacío parece resolverse con facilidad asombrosa, sino ahora, sin escape, sin excusa, frente a frente con el «blanco e intransigente» lienzo? ¿Con qué fuerzas empuñar el pincel y medirse con el terrible enemigo, el vacío en el centro? ¿Acaso era necesario medirse? ¿No sería más fácil conversar plácidamente entre la gente (ahí está el señor Carmichael, tumbado en el césped)? ¿Por qué no rendirse? ¿Por qué no dar la espalda a esa tarea agotadora que es sostener desafiante la mirada al centro vacío? ¿Por qué siempre «exponerse sin protección al azote de todas las dudas»? Pero no, Lily lo sabe: «no se le puede decir nada a nadie» («sobre la vida, sobre la muerte, sobre la señora Ramsay»). Virginia Woolf lo sabe: de la confrontación se sale siempre derrotado. Sea como sea, Lily Briscoe mojó finalmente el pincel al compás «de algún ritmo que recibía al dictado de las cosas que veía...», «y al mismo tiempo perdía la conciencia de las cosas exteriores, así como de su nombre, su personalidad y su aspecto». La lejanía del yo, pensamos, el olvido de sí, el arte. «Aquí la vida permanece detenida».

El cuadro podría acabar en el ático, o enrollado quizá bajo el sofá, pero eso no tenía ninguna importancia. Porque no es el cuadro, no es este cuadro –ni este poema, ni este ensayo– lo que cuenta. Es el intento, es el propósito, es la búsqueda, son los instantes de «visión momentánea»; es el fulgor de las cerillas rasgando la oscuridad; es la divinidad –que de ordinario está enfadada– cuando concede un instante de tregua en los interminables esfuerzos y el acróbata da un salto imposible. Entonces decimos –alegres, exhaustos, lágrimas corriendo por las mejillas– esta ha sido mi visión (el significado de la vida), esta fue mi parte en la belleza (toman forma los vanos arabescos). Después de mil ataques y mil dudas («Atrápala y vuelve a empezar; atrápala y vuelve a empezar»), Lily Briscoe «trazó una línea allí, en el centro».

To the Lighthouse (¿quién podría definirla?) termina así, con un desembarco en una isla en la que se alza un faro, con un anciano que extiende los brazos para abarcar su muerte, con un instante de luz frente a un lienzo en el jardín abandonado de los Ramsay.

Tragedia y sentido

La tragedia *Heracles* comienza con la ausencia del héroe. Es un procedimiento habitual. En la Odisea, Odiseo no aparece hasta el canto V, y entre tanto todo vacila en la indefinición: no está presente, lo cual, a efectos prácticos, equivale a estar muerto. La casa se encuentra indefensa, un grupo de usurpadores la amenaza, etcétera. En la obra de Eurípides, Heracles está en el Hades, y en el Hades están los que han muerto. También aquí las figuras vulnerables se hallan a merced de un usurpador. Su nombre es Lico, es decir, Lobo. Está a punto de asesinar a los hijos y a la esposa de Heracles, que ya se han vestido las ropas de los muertos. Las negras vestiduras de los niños en la escena son la primera expresión del horror por venir.

En este clima fúnebre, los ancianos que forman el coro bailan canciones acerca de lo que todos pueden ver: la vejez no es más que pérdida, impotencia, aislamiento, soledad. Los ancianos son como los cisnes, que cantan en la antesala de la muerte. Son tumbas, nada; palabras y sueños sin fuerza alguna. No pueden ayudar a la familia abandonada, porque Heracles la ha abandonado y el mundo –eso parece– ha abandonado a Heracles (*dónde están los dioses, dónde están los amigos*).

Se produce aquí el primer vuelco de la tragedia, pues no está claro que en el *Heracles* haya un solo giro de la dicha a la pena o de la pena a la dicha, sino que podría haber al menos dos, lo cual ha planteado la cuestión crítica de si estamos ante una obra unitaria o ante una pieza rota y, por lo tanto, fallida. De momento: vuelco, giro, revés. Heracles volverá en el momento justo, protegerá a los desprotegidos.

El combate de argumentos (*agón*) del primer episodio descubre una discrepancia de posturas sobre el significado de conjunto de la figura de Heracles. Si está muerto, ya puede ser juzgado desde el punto de vista del sentido total. ¿Ha sido cobarde, ha sido valiente? ¿Cómo ha logrado lo que ha logrado? La perspectiva del juicio es también la perspectiva del canto: Heracles es el tema de mil cantos; es, ante todo, el *lógos* de Heracles. Y lo es por la enormidad de su *érgon*: la multitud de esfuerzos, trabajos y fatigas que ahora, en la ausencia, son objeto de escrutinio y debate.

Heracles ha escrito su nombre en el cielo, el coro celebra sus proezas en un gran canto de elogio. ¿Qué ha hecho Heracles para ser el tema de mil cantos? Algo similar a lo que Pericles –en Tucídides– dice que hizo Atenas: a través de la audacia poner tierra y mar al alcance de los atenienses. Heracles ha hecho accesible la tierra inaccesible y ha sofocado la furia del mar en beneficio de los navegantes. El coro canta que a lo largo de sus mil carreras liberó al bosque del león; persiguió a los centauros con las flechas –ellos eran la montaña y los árboles–; mató a la cierva de los cuernos de oro, salvaje y dañina para los cultivos humanos; subyugó con el freno a las yeguas que devoraban carne humana; traspasó el límite de agua de plata, el río Hebro, muy lejos, en oriente, para alcanzar el otro lado, al oeste, junto a las hespérides. Allí mató a la serpiente. Y se hundió en el seno del mar y lo calmó para los navegantes. Sostuvo el cielo con la virilidad de sus brazos, la morada estrellada de los dioses. Se adueñó del cinto de la enemiga de varones, la amazona. Y navegó hasta el Hades, el reino que no conoce el sol, que es siempre y para todos el final de las penas y las tribulaciones.

Esta secuencia de obras la comprenden los griegos no como una colonización intrusiva que destruye ecosistemas, sino como una gran obra de limpieza, clarificación y domesticación de la tierra, el mar y el bosque. Pero hay más. Heracles cambia la escala del mundo, y en varios sentidos: amplía los límites del espacio conocido –la suya es una aventura de descubrimiento a gran escala–, reconoce a los doce olímpicos al erigir sus altares, e instituye fiestas en las que Grecia entera se reúne, lo que supone abrir espacios comunes a todas las *póleis*, pero también tiempos comunes, pues las fiestas marcan los tiempos de la vida de los griegos.

Hay un antes y un después de las hazañas de Heracles, pues son a la vez crímenes. De la victoria se vuelve derrotado. Algo se abate siempre sobre los vencedores en los relatos de los griegos. La ira de Atena sobre los aqueos que han destruido Troya; la cólera de Posidón sobre Odiseo, que ha salido ileso del mar y del bosque; la de Hera sobre Heracles, que ha conquistado el mundo. En Grecia todavía hay un límite con el que tropezar: un muro, una frontera, un dios.

Los trabajos han quedado realizados. Heracles vuelve del viaje de las mil millas. Ya no es el dueño del mundo, sino el dueño de la casa, o sea, el esposo y el padre. Pero ¿acaso puede vivir según la escala de las relaciones cotidianas quien se hundió en todos los abismos –el mar, los páramos, el cielo–, y cambió las escalas? ¿Es deseable que Heracles se repita y sobrevivan esos niños en cuyos ojos arden ya las llamas de los ojos de su padre? Heracles rescata a su familia de las manos del tirano, desde luego (*de nada habría servido luchar con la hidra y el león si no soy capaz de proteger a mis hijos de la muerte*). Pero el final es un principio; la obra da una vuelta; gira de la dicha a la pena, del triunfo a la derrota. El coro cantaba ya una canción de alegría (*¿quién dijo que los dioses ya no tienen fuerza? Aquí está Heracles, salvará a su familia del usurpador*). Mientras los ancianos cantan, en el interior de la casa tiene lugar un asesinato. Para rescatar a su familia, Heracles, que limpió el mundo, mancha de sangre su casa. Y entonces algo debe abatirse sobre él.

Tras el asesinato de Lico y en mitad del canto de alegría del coro, dos diosas aparecen sobre el tejado de la casa. Una es Iris, los colores del cielo, la mensajera de Zeus. La otra es la hija de la noche, *Lûssa* es su nombre: la demencia, la rabia, la locura; no cualquier locura, sino esa que se apodera de los hombres en el campo de batalla, cuando matan a otros hombres y tienen que ser bestias para hacerlo. *Lûssa* –es una «perturbación mental», pero ahí está: la oímos, la vemos– dice que ni la violencia de las olas o del terremoto o del trueno será comparable con la furia que está a punto de despertarse en Heracles. No son meras comparaciones, no son meras palabras. Heracles ha subyugado la furia de las bestias, el mar y los ríos. Ahora esa furia retorna y derriba su casa.

La hija de la noche emprende su ataque durante y mediante el discurso. A medida que habla, Heracles va perdiendo el control. *¡Mira! Agita la cabeza en la línea de salida* –¿es la última carrera?–, *los ojos giran en las órbitas, respira de forma irregular, ruge como un*

toro, espuma le brota de la boca, los pies bailan una danza epiléptica.
Aparece el mensajero, personaje convencionalmente encargado de
narrar los horrores que no se han visto en escena. Anuncia que los
niños están muertos. Habían empezado la limpieza cuando Heracles
enmudeció de pronto, los rasgos desfigurados, las pupilas desorbita-
das, los ojos inyectados en sangre. Alucinaba. *¿Dónde está mi maza,
dónde mi arco?* Se figuraba que los trabajos no habían terminado todavía y debía ponerse en camino una vez más para una matanza más.
Se subía a un carro imaginario y ponía rumbo a Micenas. Creía que
había llegado ya. Heracles lucha una vez más, pero con nadie. Vence
una vez más, pero no hay nadie. Como si no pudiera bajarse del tren
–la euforia– de la aventura, Heracles lo revive todo otra vez como en
una pesadilla. Solo son fantasmas; los hijos de Euristeo son sus hijos.

La fatiga y el agotamiento extremos de los que han sobrepasado
el límite de lo soportable: los exploradores polares, los buceadores
de aguas profundas, los corredores de fondo, los alpinistas, los marinos que durante años no oyen otra cosa que el rumor del oleaje, los
soldados que han visto la muerte en combate, todos sufren alucina-
ciones, y Heracles –el atleta, el explorador, el guerrero, el marino– no
reconoce lo que yace ante sus pies –mil millas nublan sus ojos–, y
revientan las costuras –las medidas– del espacio doméstico.

Un niño es atravesado por una flecha. La maza cae sobre la cabeza
rubia de otro y le machaca el cráneo. Otra flecha alcanza a la mujer, que
protegía a un tercer niño, y ambos mueren abrazados. Es un colapso.
La tierra tiembla, el techo se desploma. El viaje ha destruido la casa,
la ha llenado de muertos. ¿Por qué enloquece Heracles? ¿Cuál es la
causa? ¿Es externa, es interna?, se han preguntado los intérpretes.

Tú y tu arco y el dios responsable sois culpables. La llamada «cau-
salidad divina» no ha desaparecido del pensamiento griego. Héctor
sigue levantando la pesadísima piedra y Zeus sigue ayudándolo a
levantarla. Para nosotros solo hay un evento, y el dios no añade ni
explica nada. No así para un griego. Alguien enloquece, y esto es
lo bastante significativo y asombroso para no dejar de vincularlo
con los dioses. La causa de la locura de Heracles es el odio de Hera.
Pero el odio de Hera es el propio Heracles, que es el que es porque
Hera lo odia. La locura no es algo sobrevenido; no es un evento ulte-
rior ni un castigo injusto. En las propias hazañas está el trastorno,
el desmadre, la enajenación, el extrañamiento, el tirar el ancla por
la borda para nunca más volver.

Heracles ha hecho lo extraño familiar y lo familiar extraño. Los dos reveses de la trama son uno y el mismo. En la dicha está la pena y en la victoria la derrota. Porque ha sacado a la luz la regla y la medida, Heracles se ha quedado sin regla y sin medida. Porque ha tocado la frontera y ha superado no cualquier límite, sino el límite último –eso es la muerte–, ha puesto el más allá de la frontera, el más allá de la medida. Pero hay que violar la medida para que aparezca de algún modo, y hay que sobrepasar el límite para descubrir dónde estaba exactamente. Lo que se reconoce en la muerte es la fuerza del dios, es el odio de Hera. La prueba de la presencia de los dioses no es el regreso victorioso de Heracles, sino su destrucción. Golpeando al héroe, los dioses se hacen de nuevo valer.

Heracles no enloquece a pesar de las hazañas, sino a raíz de las hazañas. No cae fulminado *aunque* haya terminado felizmente, sino *porque* ha terminado felizmente. Los trabajos no son la consecuencia del asesinato intrafamiliar, sino su causa –esta sería la inversión de Eurípides respecto a la versión de la historia heredada–. El retorno es el castigo. Heracles ha dejado en el Hades su corazón. Ha vuelto a casa solo para borrarla definitivamente.

Tras el seísmo –viejo mensaje del dios, como el arcoíris, el cometa o la tormenta– se hizo el silencio. Mediante el mecanismo teatral que extrae el interior de la casa al exterior de la escena, Heracles aparece dormido entre los muertos. Lentamente empieza a despertar; los ancianos huyen despavoridos. Se ha quedado solo. Lo han atado a una columna rota como a una fiera salvaje –la columna rota es la casa destrozada–. Ve flechas esparcidas en el suelo. Ve cadáveres alrededor, pero no los reconoce –¿es la amnesia de combate?–, por eso pregunta: *¿Es que estoy otra vez en el Hades? ¿Dónde está la roca de Sísifo, dónde el cetro de Perséfone?* No reconoce nada, no recuerda nada. Todo se ha vuelto extraño para el responsable de que el mundo fuese menos extraño para los hombres en general.

Anfitrión vuelve a la escena y dice: mira a los caídos, son tus hijos. Heracles calla –quiere esconderse del sol y las miradas–. También el coro va enmudeciendo poco a poco hacia el final de la obra –no hay canción para decir lo que ha pasado–. Suena la pregunta: ¿Cómo volar lejos de aquí? ¿A qué desierto llevaré mi vergüenza, mi amargura? ¿Es posible vivir después de haber muerto? ¿Vivir con el trauma y con la herida? No hay escapatoria, no hay adónde huir. *La tierra cobrará voz para prohibirme que la toque y los mares y los ríos alzarán sus cauces para que no los cruce.*

La salida cuando no hay salida, el lugar de los que han perdido el lugar –asesinos, proscritos, contaminados–, eso es la *pólis* –exilio, isla, distancia–. El aguijón de Hera no se detiene –Heracles la lleva escrita en su nombre–. Es el mismo aguijón que lo embarcó en el viaje hasta las últimas fronteras. Que lo llevó de la casa al Hades y del Hades a la casa. Y eso que ha quedado en medio, entre la casa y la nada, eso es Atenas. Porque la *pólis* es la casa que se borra y se desvanece. *Allá* tendrá protagonismo Heracles, no en su casa. Porque Atenas es el *krátos* sobre el mar y los marinos borran las delimitaciones: no tienen nombre ni tierra ni patria ni casa –desarraigados, enajenados–. Este problema se expresa con la aparición de Teseo.

Teseo ha llegado tarde para salvar la casa, pero no para rescatar lo que Heracles significa como figura. En la caída del gigante, Teseo reconoce que el héroe ha tocado el cielo desde el suelo y es como los dioses en la estatura de su pena. No es otra persona. Al contrario, es él mismo más que nunca: es el trastorno, la equivocación; es el gesto desproporcionado, es la transgresión –el apareamiento del dios y lo mortal–. Pasamos a un diálogo muy discutido.

Heracles ha sido aplastado –*de qué me sirve ya vivir*–. Querría convertirse en piedra y olvidar sus males. Por primera vez sus ojos no lanzan rayos de fuego sino lágrimas. Sin embargo, no habrá suicidio, la salida simple de la situación –eso haría un hombre cualquiera, *pero tú no eres un hombre cualquiera*–. Al que ha negado las fronteras –*atravesó la boca del Ténaro*– no le está permitido caer sobre su espada, como hizo Áyax. Porque ha burlado a la muerte, porque ha trastornado el orden, Heracles no se quita la vida, sino que dice *enkarteréso thánaton*, expresión que ha causado problemas tanto en la interpretación de la obra como en el establecimiento del texto, que, como es sabido, no es nunca una operación neutral, sino el resultado de una interpretación determinada.

Se ha pensado que, si el verbo significa «soportar», entonces *thánaton* no está en su sitio (no se entiende que Heracles diga «soportaré la muerte» si no va a suicidarse) y habría que enmendar el texto para que dijese «soportaré la vida». Pero esta enmienda resulta innecesaria. Al fin y al cabo, se trata del *krátos* sobre la muerte, de fuerza y de control, de regir en lugar de ser regido, de aguantar, pues aguantar es una forma de vencer. Heracles se hallaba postrado entre cadáveres, oculto a las miradas, mudo, otra vez muerto, pero desde ahí se levanta y hace frente una vez más al enemigo. Matarse cuando nada queda que perder sería, por lo fácil, lo realmente vergonzoso.

Ahora bien, todo esto (la diferencia con Áyax, la persuasión de Teseo) no significa que nos encontremos ante una segunda versión de la *areté* o una nueva postura intelectual sobre el suicidio. Yo no lo creo. Creo más bien que estamos ante otra forma de conquista y relativización. El famoso Heracles ha sido pulverizado y el polvo lo preserva –muerte es inmortalidad–. Pero no es menos cierto que el vivir más allá de los límites de la vida –él dejó en el Hades su corazón– es otra expresión de la enormidad y la monstruosidad y la transgresión de su figura. No puede matarse ni puede vivir. Se ha quedado en el aire, como los pájaros, las islas, los barcos y las nubes. La mancha, cuando es total, ya no es mancha. La misma ambigüedad se nota en su debate sobre el arco y la maza: *¿Debo seguir portando estas armas asesinas o debo arrojarlas al pozo más inaccesible?* Heracles no se deshace del arco y la maza, que mataron a su esposa y a sus hijos, pues son las mismas armas victoriosas que salvaron los obstáculos y cruzaron los abismos. No se mata. Se pondrá en camino una vez más para instalarse en Atenas, o para no-instalarse, pues Atenas no es casa sino asilo, desarraigo, desapego, libertad.

No tiene sentido preguntarse qué hará Heracles en ese destierro que no es más que un substituto de la espada. Pero la situación recuerda a la de aquellos que, por haberse quedado fuera de todo, están en condiciones de decirlo todo y ver desde el más allá. Tucídides dice haber vuelto de la amnesia traumática, consecuencia de la peste que azotó Atenas durante el primer año de la gran guerra, y en el exilio lo recuerda todo, lo escribe todo, lo conserva todo.

La distancia frente al «aquí» es el «allá», expresión que de ordinario se refiere al Hades, pero esto es de nuevo Atenas. Algunas se hundieron en los senos del mar por escapar del horror, como Ino. O volaron al lejano cielo inmenso, como Procne. También Heracles lo hace: salirse del mundo y borrarse del mapa, pero lo hace exiliándose a Atenas. La locura es lucidez, no la de Heracles, sino la de la tragedia y la *pólis*, lo cual tiene que ver con varios problemas característicos del pensamiento y la vida en Grecia durante la segunda mitad del siglo v a. C.

Hacia el final de la obra, Heracles pronuncia un largo discurso en el que parece ver su vida entera, desde el principio, todas las penas y todas las luchas, tal como se cuenta que la ven los moribundos.

Heracles habla allende Heracles cuando dice: «el dios, en la medida que es dios recta o correctamente, nada necesita». Rectificada y corregida, la noción de dios resulta incompatible con ciertas conductas licenciosas, por ejemplo los lechos ilegales. Todo eso son *de cantores los decires desgraciados*. Es un escándalo, un cortocircuito: el hijo ilegal de un dios y una mortal niega que los dioses cometan esos mismos actos ilegales por los que no solo Heracles está ahí, en el centro de la escena, sino que sin ellos no se comprende nada de lo ocurrido en la tragedia.

Heracles no dice que los decires de los cantores sean falsos. Solo si se asume que la poesía expresa la verdad se puede censurar a los cantores que yerren y corrompan –o bien elogiarlos porque aciertan y mejoran–, lo cual un moderno no podría hacer jamás. Para un griego, si un poeta engaña, es porque no es lo bastante poeta, y la corrección de ese engaño no es la ciencia, sino la propia poesía. La crítica –la rivalidad, la corrección– de unos poetas a otros poetas da por supuesto la pretensión de verdad de la poesía, que no sería peligrosa si no fuese poderosa. ¿Qué pasa con los discursos sometidos a corrección? ¿En qué lugar quedan los «tristes cantos» sobre dioses que raptan a mujeres y diosas que se encolerizan? ¿Pasan a ser literatura? ¿Qué implica la génesis de esta categoría, la literatura?

Un poeta dice que el sol camina en las alturas, el viento ruge furioso en mis oídos, en el mar se bañan las estrellas, la tierra se une con el cielo en el horizonte, el día fue larguísimo, la noche breve, y la muerte es mi enemiga. Y tienen que pasar muchas cosas para que esto sean solo frases de poetas. Porque el viento es un toro que ruge. El sol se mueve por el cielo. El día que Héctor quiso prender fuego a las naves, ese día duró siglos, duró cantos enteros. Y cuando Odiseo se fue a la cama con Penélope, las horas pasaban tan deprisa que la diosa tuvo que alargar la noche más y más. Así hablan los poetas. Antes de que se generen las condiciones de verdad de lo que se llamará discurso científico, este modo de hablar sobre el sol, la noche, el horizonte o el tiempo es decir válido, no es literatura. El poeta griego es un *sophós*. Dice las cosas mismas, no sus representaciones. En Grecia, la poesía no es ficción sino *poíesis*: producción de cosas. Todavía para Aristóteles la unidad de la «obra de arte» es la unidad de la cosa misma, y la música debe promover conductas nobles y acciones bellas. Pero los sabios se corrigen unos a otros; unos pretenden decir con mayor corrección que otros. Y esta corrección tiene que ver con la separación de la ciencia y la literatura.

Cuando Eurípides compone sus tragedias, los dioses y sus cantos han sido corregidos muchas veces ya. Solo un poeta dice que Zeus llueve o nieva o truena; los sabios decimos que son las propias nubes las que llueven y nievan y truenan. Solo un poeta dice que el mar es púrpura como el manto de un rey. Nosotros, los sabios, decimos que las cualidades son mera convención y lo que «en verdad» hay carece de suyo de cualidades. Y también sabemos que, aunque Aquiles sobrepasa a la tortuga en la vida, no ocurre así en la teoría: en la idealización teórica, en la imaginación matemática, Aquiles es siempre más lento que la más lenta tortuga. Se plantea otra pregunta: ¿qué es más «ficción», la poesía o la idealización teórica? Porque basamos nuestras vidas en idealizaciones contrarias a la vida, lo cual no deja de ser extraño. En todo caso, este principio de ruptura, característico del momento, la ruptura entre lo que parece y lo que es, entre la apariencia y la verdad, está relacionado con la génesis de la literatura, así como de la belleza separada de la bondad y la verdad.

Las nuevas condiciones de verdad, generadas en el seno del proyecto correctivo, postulan un ser que no coincide con lo presente. La verdad no coincide con lo inmediato. Y esta brecha inédita – porque el viento ruge en mis oídos, el sol se mueve por el cielo, la aurora es color de rosa y la locura puso en mi mente la noche–, Eurípides la incorpora problemáticamente en sus tragedias. No Afrodita sino *aphrosúne* puso a Helena a los pies de Paris. Pero si no fue Afrodita, sino la insensatez de la propia Helena, entonces los dioses nada tuvieron que ver con la guerra de Troya, y ese no fue el acontecimiento más grande que la vida que creíamos que era. Y no puede ser –no tiene sentido– que la Ilíada ubicase a los mismísimos dioses en aquella llanura allende el mar por algo tan banal como la voluptuosidad de una mujer como otra cualquiera. Y si Zeus no les hace el amor a las esposas de los mortales ni es responsable, ¿quién es Heracles? ¿Por qué tanto sufrimiento? ¿Cuál es el sentido? Heracles parece hablar desde fuera del marco. Desde algún espacio en blanco. Algún silencio. Algún vacío. Desde el aire.

No sé si Eurípides es el creador de un discurso que cuestiona sus propias condiciones de verdad, ni si la tragedia y la comedia son los últimos cantos verdaderos antes de la literatura. La situación no es clara. Se ha dicho –Heracles lo ha dicho– que los dioses son los grandes autosuficientes y nada necesitan –ni cantos ni fiestas ni sacrificios–, pero entonces ¿por qué Teseo utiliza el argumento del dios capaz de vivir con sus errores para levantar de nuevo a Heracles? ¿Y por qué se menciona a Hera una y otra vez? Heracles ha sido celebrado por haberles restado fuerza a la tierra, el mar y los ríos; los sabios extirparon los dioses del sol, del rayo, del viento y de la tierra. Heracles regló el espacio al privarlo del elemento indómito, agreste y local –peculiar de cada lugar–; los sabios iniciaron un camino hacia la regularización, uniformización y estandarización de las cosas en general. Y no puede ser casualidad que tanto a Heracles como a los sabios de Aristófanes la casa, que es el espacio de las medidas ordinarias, las medidas de la práctica y del uso, no de la idealización ni de la teoría, se les caiga en pedazos sobre las cabezas. La columna rota; el pensadero incendiado.

CHARLES DICKENS

VIRGINIA WOOLF

ARISTÓFANES

EDWARD EVAN EVANS-PRITCHARD

ADOLF LOOS

BENJAMIN CONSTANT

MARY SHELLEY

HENRIK IBSEN

PATRICIA HIGHSMITH

HONORÉ DE BALZAC

PIERRE CHODERLOS DE LACLOS

WILLIAM M. THACKERAY

FRANZ KAFKA

DANIEL DEFOE

JONATHAN SWIFT

HENRY JAMES

EURÍPIDES

- *Tiempos difíciles* | *Hard Times*
- *Tres guineas* | *Three Guineas*
- *Las asambleístas*
- *The Nuer. A Description of the Modes of Livelihood and Political Institutions of a Nilotic People*
- *Ornamento y crimen* | *Ornament und Verbrechen*
- *La libertad de los antiguos comparada con la de los modernos* | *De la liberté des Anciens comparée à celle des Modernes*
- *Frankenstein o el Prometeo moderno* | *Frankenstein; or, The Modern Prometheus*
- *Robinson Crusoe*
- *Los viajes de Gulliver* | *Gulliver's Travels*
- *Roxana*
- *Moll Flanders*
- *La piel de zapa* | *La peau de chagrin*
- *Grandeza y decadencia de César Birotteau* | *Histoire de la grandeur et de la décadence de César Birotteau*
- *La prima Bette* | *La cousine Bette*
- *Las relaciones peligrosas* | *Les liaisons dangereuses*
- *La feria de las vanidades* | *Vanity Fair*
- *La casa lúgubre* | *Bleak House*
- *Casa de muñecas* | *Et dukkehjem*
- *Los embajadores* | *The Ambassadors*
- *El desaparecido* | *Der Verschollene*
- *El talento de Mr. Ripley* | *The Talented Mr. Ripley*
- *Al faro* | *To the Lighthouse*
- *Heracles*